그대의 빼어난 예술이 덕을 가리었네

그대의 빼어난 예술이 덕을 가리었네

실학자 공재 윤두서 이야기

김영주

열화당

책머리에

이렇게까지 작가의 말이 떠오르지 않은 작품은 처음이었습니다. 그만큼 새로운 형식에 대한 도전이 낯설었나 봅니다. 오랜 세월 놓을 수 없었던 무언가를 비로소 놓아 버린 듯, 막연한 공허일지도 모르겠습니다.

정약전丁若銓에 대한 글을 쓸 때였습니다.

다양한 참고자료를 탐독하며, 정약전의 외모뿐 아니라 성정, 학문세계 등이 외증조부인 공재恭齋 윤두서尹斗緖(1668-1715)와 닮았다는 걸 알게 되었습니다.

〈자화상〉을 통해 알고 있었지만, 그럼에도 그를 수식할 말을 명확히 떠올릴 수 없었습니다. 때를 맞춘 듯 국립중앙박물관에서 기획 특별전 「초상화의 비밀」이 열리고 있었습니다. 그를 만나러 갔습니다. 그리고 견디고 견뎌낸 분노와 절망이 고스란히 응축된 눈동자를 보았습니다. 절망적인 현실일지언정 결코 굴하지 않겠다는, 박차고 비상하겠노라는 다짐이 보였습니다. 외침이 들렸습니다.

국부國富로 불리는 집안의 후손으로, 학자이자 시인으로 한 시대를 풍미했던 고산孤山 윤선도尹善道(1587-1671)의 증손자였습니다. 겸재謙齋 정선鄭敾, 현재玄齋 심사정沈師正과 더불어 조선 후기의 삼재三齋로 불리던 문인화가였습니다. 그가 살았던 시대는 숙종 재위 기간으로, 임진왜란과 병자호란을 겪으며 기존의 틀이 무너지고 정치, 경제적 개혁에 대한 모색이 절실하던 시기였습니다. 당쟁과 환국으로 점철된 시기이기도 했지요. 남부러울 것 없는 종손이었던 그는 왜 그토록 절망하고 분노하며, 절박했을까요. 벼슬도 정치적 출세도 마다하면서까지 그가 갈망했던 세상은 과연 어떤 것일지…. 그가 궁금해졌습니다.

이듬해 「공재문화제 기념 학술대회」가 열리고 있는 해남문화원을 찾았을 때, 회화와 서예 등 그의 예술세계뿐 아니라 노비제나 양반제 같은 악법과 폐습을 개혁하고자 부단히 노력했던 행적에 대해서도 들을 수 있었습니다. 한 걸음 한 걸음 다가갈수록 그에 대해 얼마나 무지했는지 느껴졌습니다. 실학자實學者, 어느 결엔가 그를 수식할 말이 머릿속을 채웠습니다.

장남 윤덕희尹德熙가 아버지 윤두서의 생애와 가계, 가법, 학문과 성품, 취미, 교유 관계 등을 기록한 「공재공행장恭齋公行狀」에 따르면, 그는 매사에 명확하고 철저한 인물이었습니다. 의지를 굽히는 일이 없었습니다. 편을 만들지도 아첨하려 하지도 않았습니다.

그러면서도 정이 넘쳤습니다. 남의 곤궁함을 진심으로 슬퍼했으며, 차마 떨치지 못했습니다. 그랬기에 앞뒤 재는 일 없이 수천 냥은 족히 될 채권들을 불사를 수 있었습니다. 노비제 같은 악법과 폐습을 타파하는 데 몸을 사리지 않았습니다. 재산을 아낄 줄 모른 채 소금을 구워 지역민들을 구휼했으며, 그들에게 농사지을 땅 한 뼘이라도 더 만들어 주고자 애썼습니다.

이러한 그의 학문과 정신은 성호星湖 이익李瀷의 실학에 토대가 되어 주었으며, 외증손자인 다산茶山 정약용丁若鏞으로 이어질 수 있었습니다.

실학자로서의 윤두서를 오롯이 담아내고 싶었습니다. 기록이나 작품으로 전해지는 굵직한 사건을 핵심 소재로, 「공재공행장」이나 윤두서의 문집 『기졸記拙』 등에 묘사된 그의 성정과 배경을 덧입히며 이야기를 꾸려 보았습니다. 실학적 행보에 집중하기 위해 시간 순이 아닌 주제별로 엮었으며, 시각자료도 함께 실었습니다. 있는 그대로의 그를, 그의 행적을 공유하고 싶다는 바람이었습니다. 채권을 불사르고, 농지를 개간하던 일 등 자료로 남아 있지 않은 그의 족적이 못내 아쉽기만 합니다.

이제 그와의 오랜 동행을 마무리합니다.

하늘을 우러릅니다. 윤두서, 그가 그립습니다.

2020년 여름
김영주

차례

일러두기

◦ 이 책은 윤두서의 실학자적 면모를 중심으로 한 이야기에, 문헌, 회화, 지도 등 관련
  자료들을 편집부에서 골라 엮은 것이다.
◦ 이야기는 등장인물, 지명, 사건 등은 사료史料에 근거하나, 자세한 정황이나 인물
  묘사 등은 소설적 상상력을 덧붙였다.
◦ 실학적 행보에 대한 이해를 돕기 위해 시간순이 아닌 사건과 작업 중심의 장 구성을
  했다.
◦ 여러 문헌을 참고했으며 연구자에 따라 견해가 다른 부분이 있다. 참고문헌은
  책끝에 실었다.
◦ 인용문은 번역문을 최대한 따르되 책 특성에 따라 일부 재정리했으며, 원문과
  출처는 책끝에 실었다.
◦ 도움을 주신 해남윤씨 어초은공파漁樵隱公派 18대 종손 윤형식, 19대 종손 윤성철
  님께 깊이 감사드린다.

적선과 실천의 가풍

윤두서가 천변 나무둥치에 말 해마를 매었다.

　잠도 휴식도 아껴 가며 달려온 한양이었다. 쌓였던 숨을 쏟아내는 순간 해마도 뜨거운 콧김을 내뿜었다. 보따리 무역상들이 중국에서 돌아오는 길에 외국 서적 여러 권을 들여왔다던 보부상의 귀띔에 지쳐도 지친 줄 모르고 달려온 길이었다.

　말을 시작하면서부터였을까. 문자를 깨우치면서였을까. 누가 시킨 것도 아니련만 윤두서는 틈만 나면 서재로 갔고 서가에 꽂힌 책들을 가리지 않고 탐독하였다. 집안의 유훈柔訓으로 삼아 온 『소학小學』을 시작으로 『주역』 『시전』 『논어』 『맹자』 『주례』 같은 아홉 가지 경서經書는 물론이고 예禮, 악樂, 사射, 어御, 서書, 수數 등 육예六藝를 두루 섭렵하였다. 천문, 역법, 기술, 지리와 지도, 병법 등 실용적 학문과 자연과학 분야의 학문도 예외일 수 없었으며 사대부들이 경시해 마지않는 풍속화나 패관소설稗官小說도 마다하지 않았다. 손님이 방문했을 때에도 서책을 손에서 떼지 않았고 아무리 두꺼운 책이라 해도 하루가 채 가기도 전에 남김없이 열람할 수 있었다.

　“해마야, 여기서 좀 쉬고 있어.”

　해마의 갈기를 쓸어내리는 손길이 찬찬했다. 그제야 해마가 곧게 뻗은 앞다리에 체중을 실으며 나무 그늘에 몸을 길게 뉘였다. 그늘이 깊고 아늑한 것이 마음에 드는가 보았다. 안장도 재갈도 없이 매어진 희디흰 말이 신기한지 개천을 떠돌던 바람이 슬그머니 다가와 윤기어린 해마의 옆구리를 기웃거렸다.

　“다녀올게.”

　윤두서가 시전 쪽을 슬몃 돌아보자 걱정 말고 잘 다녀오라는 듯 해마가 눈을 크게 씀벅거렸다.

　백성들을 통제한답시고 서점 세우기를 금하고 있으니 시전이라고 서점 한 곳 있을 리 만무했다. 하지만 열과 성을 다해 곳곳을

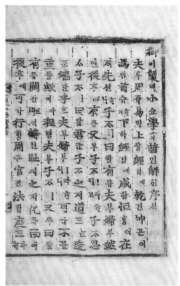

『소학』에 한글로 토를 달아 읽기 쉽게 펴낸『소학언해小學諺解』. 조선 후기.

유교의 기본 도덕규범을 정리한『소학』은 윤선도, 윤두서를 비롯한 해남윤씨의
실천적이고 진취적인 가풍과 학문 경향에 바탕이 되었다. 이는 해남윤씨의 중시조인
어초은漁樵隱 윤효정尹孝貞이 당시 소학 보급에 힘썼던 김안국金安國과 교유하며 그 역시
중요시했던 데서 비롯되었는데, 윤효정은 특히 적선積善, 즉 있는 자가 없는 자에게
베풀어야 함을 강조했다.

뒤지다 보면 외국 서적을 파는 책쾌를 반드시 만날 수 있을 거라 믿으며, 광통교를 향해 설렘과 기대에 찬 걸음을 내딛었다.

때마침 새로운 의학 지식에 목말라 있던 참이 아닌가. 보따리 무역상들이 어떤 서적을 가져왔을지 궁금할 따름이었다.

시전 초입에 다다를 즈음이었다.

너른 공터에 사람들이 둘러앉아 광대패가 벌이는 가면극을 구경하고 있었다. 너나없이 잔치라도 벌이는 듯 흥겨운 표정이었다. 고향 해남에서도 광대패의 공연이 펼쳐지는 날이면 주민들 모두가 어깨를 들썩이던 모습을 떠올리며, 윤두서는 구경꾼들 너머로 시선을 던졌다.

조악한 탈에 익선관을 삐뚜름하게 쓴 광대 모습이 먼저 눈에 들어왔다. 허우대가 무색하리만치 유치찬란하게 꾸민 두루마기 차림이었고 가슴팍엔 왕王 자가 큼지막하게 씌어 있었다. 망나니라도 되는지 우악스럽게 꾸민 탈을 쓴 광대 둘이 큰 칼을 번득이며 양 옆에 서 있었고, 그 앞으로는 기생으로 분한 듯 호사스런 치마저고리 차림에 짙게 분칠된 탈을 쓴 광대도 보였다. 삿갓에 장삼을 차려입은 광대 하나는 노인네 탈을 쓴 채 허공에 매단 외줄 위에 쪼그려 앉아 요리조리 눈치를 살피는 시늉을 하고 있었다.

징소리가 울려 퍼졌다.

"그럼 이제 저 기생 년 차례렷다? 어서 패를 뽑거라!"

익선관을 삐뚜름히 쓴 광대의 호령 소리가 쩌렁쩌렁했다.

"가만가만, 짧은 패가 형장행이라 했으니 긴 패를 뽑아야 살아남으렷다?"

익선관을 쓴 광대가 주걱만 한 나무패 두 개를 불쑥 내밀자 기생으로 분한 광대가 넘어질 듯 꼬꾸라질 듯 나무패를 잡았다 놓았다를 수없이 반복했다. 구경꾼들도 숨죽인 채 과장된 동작을 눈으로 따라다니기에 바빴다. 망나니들이 입에 머금은 물을 큰 칼에 흩뿌리며, 채근하듯 북소리를 따라 사방으로 튀어 올랐다.

"에라 모르겠다!"

망나니들의 채근에 못 이기는 척 기생으로 분한 광대가 마침내 패 하나를 쑤욱 뽑아들었다. 재고 거친 꽹과리 소리가 긴장감을 고조시켰다.

"와아, 살았다!"

11

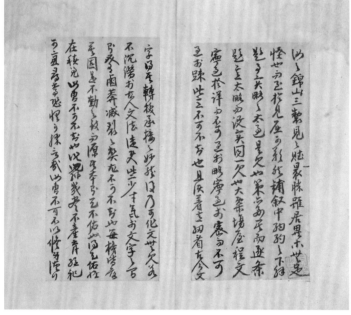

고산 윤선도의 「충헌공가훈忠憲公家訓」. 1660년.

함경도 삼수 유배 시절 장남 윤인미에게 편지 형식으로 쓴 아홉 가지의 가르침.
『고산유고孤山遺稿』에 「기대아서寄大兒書」로 실려 있던 것을 훗날 손자 윤이석이
표제를 붙여 가전유물로서 보존한 것이다. 종가 관리, 재산 분배, 노비 경영 등에
대한 내용이 세세히 기록되어 있으며, 성리학의 관념과 이론에 그치지 않고
실천윤리를 중시한 윤선도의 사상이 담겨 있다. 이후 해남윤씨 가훈으로서 본이
되고 있다.

뽑아든 패가 긴 것을 확인한 광대는 패를 머리 위로 치켜든 채 몸을 돌려 뒤집는가 싶더니 한순간 가슴을 휙 바꿔 똑바로 서는 척 이내 거꾸러졌다. 가면이 틀어지고 치마가 홀라당 뒤집히는 것쯤은 아랑곳하지 않았다. 꽹과리 소리가, 날라리 소리와 북소리가 앞서거니 뒤서거니 분위기를 띄웠다.

구경꾼들이 살았느니, 말았느니, 아는 체를 해댔다. 고개를 갸웃대는 이도 있었다.

"그런데 아까부터 이상한 게요. 노인이 훔쳐 먹던 고기산적을 두고 내 거니 네 거니 싸워댔다니, 양반네든 땡중이든 죽어 마땅한지는 몰라도요. 저 기녀는 지나가다 우연히 싸우는 걸 봤을 뿐이라잖아요. 그럼 애초에 죄가 없는 거잖아요. 근데 패 뽑기를 왜 하라는 거래요?"

"그러니 혹이라도 짧은 게 나오면 어쩌나 싶어 내가 다 가슴을 졸였지 뭐야."

가슴을 쓸어내리는 이도 여럿이었다. 그러자 익선관을 쓴 광대가 보란 듯 소리 높여 호령을 했다. 동시에 징 소리가 귀청을 부술 듯 울려 퍼졌다.

"하아, 긴 패를 뽑았겠다? 여봐라. 저 기생 년을 당장 형장으로 끌고 가렷다!"

"에? 잠깐, 잠깐요! 아까 전에 분명 양반네며 땡중들이 짧은 패를 뽑는 통에 형장으로 끌려가지 않았습니까? 긴 패를 뽑은 저 노인네만 살려 주었고요!"

"그래, 그랬지!"

"헌데 어찌 긴 패를 뽑은 절 형장으로 끌고 가라 하십니까?"

흥에 겨워 땅재주 넘기를 해 대던 광대가 물구나무를 선 채 제가 든 패와 익선관을 쓴 광대의 손에 들린 패를 번갈아 보았다. 그런데도 고깟 게 무슨 대수냐는 듯 익선관을 쓴 광대는 제 가슴팍을 주먹으로 팡팡 쳐댈 뿐이었다.

"허어, 여기 뭐라 쓰였는고?"

"와앙?"

"모두 다 들을 수 있게 다시 한번 크게 말해 보거라!"

"왕! 왕이라고 쓰였사와요."

"그렇지, 큼지막하게 왕이라 씌어 있지? 임금 왕! 다시 말해 내

13

가 곧 임금이니라. 허니 널 죽이든 살리든 내 맘대로렷다."

"헌데… 하오시면…. 어차피 맘 내키는 대로일 거면서 패는 왜 뽑으라 하셨사옵니까?"

"그 또한 임금인 내 맘대로거늘 어찌 감히 너 따위가 따지고 드느뇨? 여러분들, 아니 그렇소?"

동조를 구하려는 듯 익선관을 쓴 광대가 어깨까지 으쓱거리며 구경꾼들을 빙 둘러보았다. 약속이나 한 것처럼 비난과 야유가 쏟아졌다. 어떤 이는 임금이면 다냐며 침까지 튀겼고, 또 어떤 이는 딱 이 나라 임금들을 보는 것 같다며 혀를 끌끌 차댔다.

저마다의 반응이 흡족한지 익선관을 쓴 광대가 망나니들을 향해 재차 호령했다.

"어허! 저 기생 년을 형장으로 끌고 가지 않고 뭣들 하는 게야?"

"하아, 그게 그렇게 되는 줄 모르고 그만…. 부디 저의 불경을 용서하시고 뜻대로 어서 죽여 주시옵소서."

물구나무를 섰던 광대가 휘우뚱, 공중제비를 돌며 땅바닥으로 납작 엎드렸다. 그와 동시에 망나니들이 달려들더니 속곳이 훤히 드러난 광대의 팔을 그악스레 나눠 잡았다. 큰 칼이 광대의 목 줄기를 당장이라도 내리칠 것처럼 요동쳐댔다.

땅바닥이 패일 정도로 거칠게 끌려가면서도 기생으로 분한 광대는 콧소리를 멈추지 않았다.

"호호호호, 여러부운! 고기 산적은커녕 탁주 한 모금 구경도 못한 저는 비록 형장으로 끌려가지만 재밌게 보셨거든 구경 값을 듬뿍 듬뿍 내 주시면 여한이 없을 것입니다요."

꽹과리 소리가, 날라리 소리와 북소리가 흥에 겨워 그 뒤를 따르자 마침내 극이 끝났음을 알리는 징 소리가 울려 퍼졌다. 구경꾼들의 박수와 환호, 웃음 소리가 이어졌고 예서 제서 허리춤을 뒤지고 쌈짓돈을 꺼내느라 부산스러웠다. 그때였다. 언제 나타났는지 포도대장이 콧바람을 씩씩 불며 익선관을 쓴 광대 앞을 막아섰다.

"네 이놈! 광대패 따위가 익선관에다 임금 왕 자를 써 넣은 것만도 불경죄로 다스려 마땅하거늘 임금입네 어쩌네, 해괴망측한 언사까지 일삼았겠다? 대체 네 놈들 모가비가 누구냐? 당장 나오지 못할까!"

"아이 차암, 하필 죽어 나자빠져 있는 년을 찾고 그러십니까?"

14

땅바닥에 패대기쳐져 있던 기생으로 분한 광대가 화다닥 몸을 일으켜 세웠다. 구경꾼들이 키득거리는 소리가 들렸다. 배꼽을 잡고 뒹구는 이도 있었다.

"오호, 네 놈이 모가비렷다?"

"그러하옵니다만, 말씀처럼 광대패 따위가 벌인 가면극에 불과하거늘 나랏일에 분주한 나리께서 예까지 어인 행차시옵니까? 어라? 포졸들은 왜 또 저리 많이 데리고 오셨답니까?"

"이, 이놈이?"

시전 가까이서 뜨내기 광대패가 가면극을 벌이고 있다는 순찰 포졸의 보고를 받고 의례적으로 출동한 길이었다. 그런데 왕입네, 마음대로네, 불경스럽기 짝이 없는 소리나 지껄이기에 한 건 올릴 욕심으로 달려들었건만 모가비란 놈은 놀라는 기색조차 없이 저만치 몰려서 있는 포졸들을 심상히 건너다 볼 뿐이니. 더욱이 스치듯 마주친 눈매가 어찌나 거칠고 날카로운지 공연히 긁어 부스럼을 만든 것만 같아 후회막급이었다. 하지만 포도대장 체면에 이대로 물러설 수는 없는 일 아닌가. 물러설 때 물러서더라도 체면치레는 해야겠다는 생각에 애먼 구경꾼들 쪽으로 황급히 몸을 돌려 한 사람, 한 사람, 잡아먹을 듯 노려보았다.

"불경스럽기 짝이 없는 걸 재밌다고 박수에 환호도 모자라 구경 값들을 내시겠다? 대체 어떤 놈들인지 궁금하네그려."

"파하, 설마하니 뜨내기 광대패가 벌이는 이따위 가면극이 재밌어서 돈을 내려 하겠습니까? 저희들 하는 짓이 하도 측은해 노잣돈이라도 보태 줄 요량인 게지요."

모가비가 얼른 끼어들었다. 하지만 허리춤을 뒤적이고 쌈짓돈을 꺼내던 이들은 혹여 불똥이라도 튈까 싶어 슬금슬금 자리를 떴고 몇몇은 아예 걸음아 나 살려라, 내빼기에 바빴다. 그 모습을 건너다보며 포도대장은 입술을 비틀어 새어 나오는 웃음을 참느라 여념이 없었다.

"거참, 고약도 하셔라. 덕분에 저흰 몇날며칠을 쫄쫄 굶게 생겼습니다."

모가비가 허탈한 표정을 감추지 못한 채 어정쩡 남아 있는 구경꾼들을 휘휘 둘러볼 때였다. 윤두서가 엽전 한 움큼을 흔쾌히 내밀었다.

15

"구경 잘 했네!"

"에에?"

모가비가 놀라 주춤, 뒤로 물러서려 하자 익선관을 쓴 광대가 낚아채듯 돈뭉치를 끌어안고는 패거리 틈으로 섞여들었다. 열두어 살쯤 됐을까. 여정에 나선 차림새도 유별날 게 없는 것이 어느 댁 도령인지 감조차 잡기 어려웠다.

"나도 마찬가지네."

포도대장이 뭐라 할 새도 없이 다른 도령 하나도 앞으로 나서며 돈을 내놓았다. 외줄 위에 쪼그려 앉았던 광대가 큰절을 올리는 척 돈을 재빨리 가슴팍에 쑤셔 넣었다.

"어느 댁 도령들인지는 모르겠으나 아무래도 상황 판단이 안 되는 모양입니다?"

포도대장은 자신의 엄포에도 눈도 꿈쩍 않는 태도에 부아가 절로 치밀어 올랐다. 그런데도 무슨 문제냐는 듯 윤두서의 표정은 태연했다.

"재미있게 보았으니 그 값을 하려는 것뿐입니다."

"나 역시 이런 좋은 구경거리가 있는 줄 진즉에 알았다면 돈을 좀 더 많이 챙겨나왔을 거요."

다른 도령도 거들고 나섰다.

"어허, 대체 뭘 믿고 포도대장을 이리 우습게 본답니까?"

오기가 발동한 대장은 등채로 손바닥을 탁, 탁, 쳐 가며 윤두서를 그리고 도령을 위아래로 훑어댔다. 오색 비단 끈이 놋쇠 마구리에 부딪치며 사방으로 요동치는 것이 여차하면 등채를 치세워 체포령이라도 내릴 기세였다. 하지만 윤두서도, 도령도 주눅이 들기는커녕 잡아갈 테면 잡아가라는 듯 당당하기만 했다. 구경꾼들의 술렁거림이 점점이 커져 가며 긴장감을 고조시켰다.

멀찍이서 지켜보던 남구만南九萬이 앞으로 나섰다.

"그만하게."

"좌윤 대감께서 이런 곳까지 어인 일이십니까?"

포도대장은 황급히 고개를 조아려 아뢰었다.

"주상의 부름을 받고 급히 가는 길이었네만 광대패들 놀음에 불과한 것을 두고 어찌 그리 미련을 떠는가. 가면극이라는 게 원래 풍자와 해학이 섞여야 제 맛일 터. 이쯤에서 포졸들을 철수시키는 게 좋을 듯하네.”

“대감께서 그리 말씀하시니…. 허면 저흰 이만 물러가겠습니다.”

포도대장 입장에서야 서인이면서도 한성부 좌윤까지 오른 남구만의 참견이 결코 반가울 리 없었다. 하지만 느닷없이 도령들이 끼어드는 바람에 이러지도 저러지도 못하고 있던 참에 이만한 기회가 또 있을까 싶었다. 포도대장은 마지못한 척 포졸들을 끌고 공터를 빠져나갔다.

윤두서와 도령은 남구만을 향해 머리를 조아렸다.

“덕분에 무사할 수 있었습니다.”

“진심으로 감사드립니다.”

“둘 모두 숭정전에서 다시 만날 수 있기를 바라네.”

촉기 넘치는 눈빛이며 흐트러짐 없는 자세가 두 도령 모두 이 나라 백성을 위해 꼭 필요한 인물이라는 생각을 하며 남구만은 서둘러 궁으로 향하였다. 그제야 어정쩡 남아 있던 구경꾼들이 하나, 둘, 구경 값을 내놓기 시작했다.

도령이 윤두서에게 먼저 인사를 건넸다. 도포와 복건 차림이 정갈했으며 손위인 듯 보였다.

“정동 사는 이서李漵라 합니다.”

“해남 백련동에서 온 윤두서입니다.”

“이렇게 만난 걸 보면 보통 인연이 아닌 듯하니 함께 시전 구경이라도 해 보지요.”

“바라던 바입니다.”

첫 대면인데도 도령은 오래전부터 알고 지낸 듯 편했다. 눈빛과 표정도 선했다. 더욱이 시전 구경을 하자 하니 멈칫거릴 이유가 없었다.

통성명을 나눈 윤두서와 도령이 자리를 뜨려 하자 모가비가 땅바닥으로 넙죽 엎드렸다.

“저희 같은 천한 것들에게 베풀어 주신 은혜 결코 잊지 않을 것입니다.”

다른 광대들도 머리가 땅에 닿도록 큰절을 올렸다. 목이 메는지 흐느끼는 소리도 섞여 들렸다.

“다들 끼니는 챙겨야지 않겠나.”

윤두서 목소리에 거리낌이라곤 없었다. 거듭 큰절을 올리는 모가비의 어깨가 염치없이 들썩거렸다. 윤두서는 짠한 마음을 애써 추스르며 도령이 이끄는 방향으로 발걸음을 내딛었다.

"누군지 몰라도 패거리를 제 몸처럼 챙기는 걸 보니 참으로 의로운 모가비로세."

"황해도 출신의 장길산이랍니다. 재주가 보통이 아니라 하고요."

"장길산? 에고, 두 분 도련님이 아니었으면 어쩔 뻔했누."

구경꾼들은 두 도령이 자리를 뜨고도 한참을 차마 고개도 들지 못하는 모가비를 지켜보며 모두 감탄을 금치 못했다.

○

땅끝 외진 마을을 찾아가는 길이었다.

바다와 맞닿은 산기슭을 벗어난 윤두서와 셋째 형 윤종서尹宗緒는 비로소 숨을 고르며 사방을 휘 둘러보았다. 좁은 길 저만치 소금 창고와 염막들이 세워져 있었고 채마밭을 울타리 삼은 집들도 드문드문 보였다.

"하, 오랜만에 와 보네."

"저도 자주 들러 보고는 싶은데 마음처럼 쉽지가 않더라고요. 기석이 덕분에 이렇게 들러 보게 됩니다."

윤두서는 윤종서의 말을 함께 타고 온 기석을 건너다보았다. 농포 자국이 선명했다.

얼마 전 종가의 종복으로 들인 일곱 살짜리 아이였다. 이곳 마을에서 염막 일꾼으로 일하는 아버지와 두 형과 함께 살았다고 했다. 형들을 따라 소금 구울 나무를 하러 다녔다는데 두 해 전 초여름 온 마을에 천연두가 퍼지는 바람에 아버지와 형들을 모두 잃고 말았다고. 마을 사람들 여럿이 목숨을 잃다 보니 염막도 문을 닫았고 결국에는 곳곳을 떠돌며 빌어먹게 되었다고도 했다. 그러다 종가 종복만 되면 먹고 입고 자는 건 걱정 없을 거라는 사람들 말만 믿고 무작정 종택 대문간을 두드렸고, 윤두서는 아이를 기꺼이 받아주었다.

기석이 당장이라도 말안장에서 뛰어내릴 기세였다.

"저기, 이제 내려도 돼요?"

18

"아직 더 가야 하는데?"

"그냥 뛰어가면 돼요."

윤종서가 눈을 휘둥글렸지만 소용없었다. 어느새 말에서 뛰어내린 기석이 구르듯 내달렸다. 제가 살던 마을에 오니 좋은가 보았다.

"녀석하고는."

"형님이야말로 오는 내내 많이 힘드셨지요?"

"그쯤이야 뭐."

해마에게 안장이 얹혀 있지 않아 대신 윤종서가 기석을 태우고 온 길이었다. 익숙지 않은 감각에 아이가 혹 힘들어할까 봐 그랬을 뿐, 윤두서가 안장이나 재갈 없이 말을 타는 것을 두고 왈가왈부할 생각은 없었다. 무엇을 행하든 신념이 올곧고 확고하리라 믿기 때문이었다.

조부께서 윤두서에게 말을 선물해 주었을 때다. 몇날며칠을 뚫어져라 살피던 윤두서가 해마라는 이름을 지어 주자 큰형 윤창서尹昌緖와 둘째 형 윤흥서尹興緖, 윤종서는 안장과 굴레, 재갈에 대해 앞다퉈 설명해 주었다. 그러자 윤두서는 안장이나 재갈 등은 하지 않을 거라고 했다. 말은 제가 지닌 모습 그대로 자유로워야 기백과 기품을 잃지 않을 수 있다며, 말은 곧 자신이라고 믿기에 말의 기백과 기품을 고스란히 흡수하고 싶노라 했다. 눈빛이 어쩜 그리 옹골차던지 윤종서는 형들과 함께 얼결처럼 고개를 끄덕여 주었다. 그러면서도 참 유별스럽기는 싶기도 하고, 뭐 저리 잘났나 싶기도 하고, 역시 뭔가 다르긴 다른가보다 싶기도 하고…. 묘한 기분이 드는 것도 어쩔 수가 없었다. 하긴, 1668년 5월 20일 윤두서가 태어나자 삼수三水 유배에서 풀려나 보길도에 머물던 증조부께서는 이제껏 본 점괘 중에 최고라면서 이 아이야말로 나의 손자로구나, 감탄하며 종손으로 입적할 것을 명하였지 않은가. 윤두서의 출생을 축하하고자 오래전 효종孝宗(1619-1659)에게 하사받았던 수원 소재의 저택을 종가의 사랑채로 이축했을 뿐 아니라 백포 바닷가에 별저를 지어 주기까지 했다.

아니나 다를까. 윤두서는 사시사철 얇은 홑옷을 즐겨 입었다. 한겨울 혹한에도 침실에 병풍을 치지 않았고 출입할 때도 털옷을 입지 않았다. 음식도 기름진 것 대신 담백한 것을 좋아했다. 아침저녁

전라남도 해남군 현산면 백포리에 위치한 윤두서 고택. 1670년(현종 11년)경.

증조부인 윤선도가 지어 준 집으로, 윤두서는 백련동을 본가로 삼고 이곳은 별저로
두었다. 백포는 바다와 가까워서 해일이나 가뭄으로 마을 사람들이 굶주리는 일이
있었다. 그럴 때면 공재는 종가 소유의 산 나무를 베어 소금을 구워 생계를 유지하게
했다고 한다.

두 끼 외에는 따로 챙겨 먹지도 않았다. 남의 급함을 보살펴 주고 곤궁함을 불쌍히 여겨 무엇이든 도우려 했으며, 추운 겨울날 가난한 이를 만나면 제가 입고 있던 거라도 벗어 주길 주저하지 않는 것까지, 남다른 것이 참 많았다.

아버지가 강보에 싸인 윤두서를 큰집으로 데려가던 모습이 지금도 기억에 또렷했다. 동생이 생겼다고 좋아했던 윤종서는 그걸 보면서 왠지 슬프고 화나고 속상해서 여러 날을 방에 틀어박힌 채 먹만 갈아댔던 기억도 남아 있었다.

윤두서 입가에 함박미소가 지어졌다.

"형님이 함께 와 주어 힘이 납니다."

"이참에 나도 천연두 퇴치에 대해 제대로 배워 볼 생각이야. 돌림병이라는 게 우리 모두의 목숨이 달린 일이니 가능한 한 많은 이들에게 대처 방법을 숙지시키는 것이 중요하겠다 싶거든. 큰아버님이 타지로 나가 계신 만큼 아우의 책무도 막중할 터인데 아우한테만 모든 걸 맡긴다는 게 영 미안하기도 하고. 창서 형님이나 흥서 형님도 같은 생각인걸."

"형님들이 그리해 주시면 좋지요."

"그래, 어서 가 보자."

땅끝 마을로 나선다는 소식을 듣고 열 일 제치고라도 함께 가겠다고 나서 준 윤종서였다. 윤두서는 앞서 마을길로 향하는 윤종서를 뒤따랐다. 햇살이 흩뿌려진 바다를 배경삼은 뒷모습이 더할 수 없이 정겨웠다.

마을 어귀에 모여 서 있던, 스무 명 남짓한 사람들이 윤종서와 윤두서에게 허리를 구부려 인사했다. 남녀노소 가릴 게 없었다. 연장자라는 백발의 노인이 더더욱 고개를 조아렸다. 얼굴과 목, 팔 곳곳이 농포 자국으로 뒤덮여 있었다.

"종가 도련님들께서 이리 누추한 곳까지 걸음해 주시니 몸 둘 바를 모르겠습니다."

"한창 바쁜 철에 시간을 내라 하였네."

"어찌 그런 말씀을. 천하디천한 저희들에게 마마에 안 걸리는 방법을 가르쳐 주신다는데 바쁜 게 무슨 대수겠습니까."

"저 아이의 청이 하도 간곡해 마냥 미룰 수가 있어야지."

윤두서는 또래 아이들 틈에 서 있는 기석을 눈으로 가리켰다. 기석이 쑥스러운 듯 뒤통수를 긁적거렸다. 볼이 발그레했다.

속칭 마마라고 불리는 천연두는 한번 발병하면 피해가 워낙 큰 탓에 많은 이들이 두려워했다. 딱히 치료법이 있는 것도 아니었다. 열 살을 갓 넘길 즈음 친척들 여럿이 천연두를 피하지 못하고 사망하는 일이 있자 윤두서는 의학 서적을 탐독하며 과학적인 대처법을 연구하였다.

워낙 무지막지한 전염병이다 보니 민간에서는 이 병을 앓는 이가 생기면 음식을 되도록 많이 차려 놓고 아침저녁으로 제사를 올리거나 굿판을 벌이곤 하였다. 하지만 그런 민간요법이야말로 병을 더 쉽게 전파시킨다는 것을 터득한 윤두서는 천연두가 발병하면 제사상과 향탁을 반드시 철거해야 한다고 주장했다. 돌림병을 물리치겠다며 굿판을 벌이는 풍속 또한 금지해야 한다고 역설하였다. 기회가 될 때마다 일가친척과 집안 노비들의 생활 습관을 깨우치려 애썼으며 곳곳을 다니며 대처법을 소개하는 일도 게을리 하지 않았다.

나흘 전이었다. 집사 홍렬이 기석과 함께 뵙기를 청하였다. 낮이고 밤이고 가리지 않고 쫓아다니며 도련님을 꼭 뵙게 해 달라며 어찌나 성가시게 구는지 도저히 거절할 수가 없었다고. 무슨 얘긴지 대신 전해 주마 해도 막무가내라며 홍렬이 고개를 절레절레 내저었다. 증조부 때부터 종가 일을 돌보며 중요한 역할을 수행해 온 홍렬이었다. 어지간한 집안일은 알아서 처리해 왔던 그가 기석을 데리고 온 데는 그만한 이유가 있을 터였다. 윤두서는 귀퉁이에 웅크려 눈치만 살피는 기석에게 그새 많이 컸다며 흔쾌히 웃어 주었다. 그제야 기석이 방바닥에 납작 엎드리더니 자기가 살던 마을 사람들에게도 마마에 안 걸리는 방법을 가르쳐 주십사 하며 울먹였다. 간절함이 진하게 밴 목소리였다. 일정을 살펴 따로 날을 잡아 보겠다는 윤두서의 대답에도 여름 전에 하루라도 빨리 날을 잡아 줄 수 없겠냐며 훌쩍거렸다. 날짜만 정해지면 한걸음에 달려가 마을 사람들에게 일러두겠다는 말도 보탰다. 홍렬이 엄하게 꾸짖어도 소용없었다. 두 해 전 초여름의 악몽이 지워지지 않는가 보았다. 그 마음을 외면할 수 없었던 윤두서는 결국 무리를 해서라도 예정된 일들을 조정해 나갔다.

"지난번에 워낙 진저리를 쳤던 터라 다들 오늘만 손꼽고 있었습니다. 더러는 엊저녁 잠도 설쳤다 합니다."

노인이 재차 감사를 표하였다. 조바심이 나는지 기석이 불쑥 끼어들었다.

"도련님 얼른 설명해 주십시오, 네?"

"아, 정자가 따로 없다 보니 저쪽 평상으로 모시겠습니다."

그제야 노인이 윤종서와 윤두서를 소금 창고 옆 평상으로 이끌었다. 기석이 재빠르게 윤두서 뒤로 붙어서 걸었다. 천연두가 창궐했던 탓인지 지붕이 내려앉고 허물어진 집들이 여럿 눈에 띄었다. 염막이나 소금 창고도 지붕과 벽이 심하게 부서져 있었고 소금 가마와 도구들은 먼지와 거미줄을 뒤집어쓴 채 바닥을 나뒹굴었다. 정말 잘 왔구나 싶은 마음에 윤두서는 걸음을 늦추며 기석의 어깨를 끌어안았다. 좀 더 부지런히 대처법을 전파해야겠다는 다짐을 하며 내딛는 걸음걸음이 무겁기 그지없었다. 윤종서도 한숨을 내쉴 뿐 말이 없었다.

○

유악남용사건油幄濫用事件*을 빌미한 경신환국庚申換局이 정국을 뒤흔들던 1680년(숙종 6년) 오월이었다.

사촌 아우 윤이후尹爾厚를 건너다보는 윤이석尹爾錫의 눈가가 어두웠다.

"한양으로 가야겠네."

며칠 전 충청도 이산의 현감직을 사퇴하고 백련동 종가로 내려온 윤이석이었다. 어머니의 노환이 깊어진 데다 자신 또한 현기증과 한열 증세가 심해져 공무를 수행키 어렵다는 것이 이유였다. 그런데 여독을 풀 겨를도 없이 당장 한양으로 가야겠다는 심사를 어찌 짐작지 못할까. 윤이후는 괜한 참견일랑 서둘러 삼켰다. 종택 뒤편 숲을 터전 삼은 새들도 지저귐을 멈춘 채 사랑방 창 너머로 보이는 윤이석의 안색을 살폈다.

---

* 남인의 영수 허적許積이 궁중의 유악을 함부로 사용해 숙종의 노여움을 산 사건. 이를 발단으로 서인이 권력을 잡게 된 사건을 경신환국(또는 경신대출척)이라 한다.

"종현 집에 기거할 생각이신지요."

"그래야겠지."

"제가 먼저 올라가 살피고 오는 편이 좋지 않겠습니까?"

"예로 내려오는 길에 관리인에게 따로 연락해 두었네. 너무 걱정말게."

명례방 종현*에 위치한 집은 윤씨 종가가 대대로 기거해 온 한양의 종택이었다. 하지만 워낙 오랫동안 비워 둔 터라 막상 들어가 살려면 살피고 챙겨야 할 것들이 한둘이 아니었다.

"그리하셨다니 그나마 안심입니다."

윤이후가 이내 고개를 주억이자 윤이석은 허허로운 웃음을 흘리며 어수선한 심사를 풀어내었다.

"스물여섯에 벼슬에 오른 조부님께서 정직한 성품 탓에 십여 년의 관직 생활과 이십 년 넘는 유배 생활로 점철된 생을 마감하시면서, 자손들 모두 중앙 관직에서 철저히 배격될 수밖에 없었잖은가. 그러다 아우가 조부의 상소와 예설 두 편을 다시금 올린 일을 기화로 조부님의 명예 회복이 이어질 수 있었고."

선왕 시절 이차 예송논쟁禮訟論爭(현종 15년)이 벌어지자 윤이후는 죽음을 무릅쓰고 오래전 조부이신 고산孤山 윤선도尹善道가 올렸다 배척당했던 상소와 예설 두 편을 조정에 올렸다. 비록 기각당하기는 했지만 숙종이 즉위하고 나자 조부에게 증직과 시호를 내리는 등 명예 회복이 이뤄질 수 있었다.

"그런데 두 해가 지나기도 전에 느닷없이 정권 교체가 이뤄지면서 우암 어른을 한양으로 불러올렸다 하니. 그뿐인가. 우암과 각을 세우던 윤휴를 갑산에 위리안치圍籬安置 하고 영의정 허적마저 사사하였다지 않은가. 그러니 앞으로도 얼마나 많은 소식이 이어질지 가늠조차 어려우이. 조부님인들 무심히 넘길 리 만무일 터 종손된 도리로 그것만은 막아야 하지 않겠는가."

유악남용사건과 삼복의 변이 이어지면서 이차 예송논쟁 이후 정권의 중심에 섰던 남인이 실각하고 마침내 서인이 정권을 장악하였다. 숙종肅宗(1661-1720)은 서인의 영수 우암 송시열을 옹호하다

---

* 지금의 명동성당 일대.

24

영암에 유배되었던 김수항을 영의정으로 삼았으며, 지난해 윤휴와 영의정 허적의 서자이자 이번 유악남용사건의 당사자인 허견의 방자함을 탄핵하다 유배된 남구만을 도승지로 임명하면서 삼사 대부분을 교체하였다. 즉위하던 해 예론 정쟁의 책임을 물어 덕원에 귀양 보냈던 우암 또한 한양으로 불러올렸으며 시월, 영중추부사 겸 영경연사로 재등용하였다.

"이곳 걱정일랑 마십시오. 혹여 필요한 게 있거든 언제든 연락 주시고요."

"아우가 있어 얼마나 든든한지 모르네."

살면 살수록 아우 윤이후가 네 곁에 있어 마음 편히 눈을 감을 수 있겠다던 조부의 유언을, 무슨 일이든 서로 믿고 의지하면 못할 게 없을 거라던 아버지 말씀을 실감하는 윤이석이었다.

"그리고 두서도 함께 데려갈까 하네."

"두서도 알고 있는지요."

"엊저녁 늦게야 얘기했네. 준비하겠다고 했고. 그런데 아무래도 내키지 않는 기색인 듯싶어 마음이 무거우이."

"너무 갑작스러워 그런 게 아닐는지요. 한양으로 간다는 것 자체가 두서 제가 품은 포부와 상충하는 게 아닌가 혼란스럽기도 할 테고요."

"알지. 알면서도 마음이 영 개운치가 않으이."

관직에 얽매이기보다는 그 열정과 정성을 백성들과 나누며 사는 것이 훨씬 의미있는 일일 거라 믿는 윤두서가 아닌가. 윤이석은 종가 업무를 조정하면서까지 마을마을을 찾아다니며 천연두 대처법을 가르쳐 주고 있는 모습이 눈에 밟혔다.

"어떤 상황에서든 뜻한 바를 꺾는 일은 결코 없을 것이니 부디 마음에 담아 두지 마십시오."

윤이후는 되레 윤이석이 건강을 해칠까 우려되었다.

"고맙네."

윤이석은 비로소 가슴을 젖혀 심호흡을 했다. 창 너머를 기웃대던 어린 새들이 참을성 없이 조잘거렸다.

오랜만에 산책이나 하자며 윤두서를 밖으로 이끈 참이었다.

진초록 연잎이 연지를 온통 뒤덮고 있었다. 누가 일러 주지도

25

해남윤씨 종택 녹우당이 있는 연동마을 전경.

어초은 윤효정이 처음 터를 잡은 이곳은 주산인 덕음산을 뒤로 하고 너른 자연에
둘러싸여 있어 최고의 명당으로 꼽힌다.

않으련만 시절을 어찌 알고 그리들 꽃을 피우는지. 머지않아 백련 흰빛이 연지를 화려히 수놓을 터였다. 그것도 못 보고 가겠구나 하는 생각을 떨치며 윤이후는 정자로 향하였다.

"저리로 앉자."

"네."

연지에서 눈을 떼지 못하던 윤두서도 혼자 생각을 털어내기라도 하듯 한걸음에 정자로 다가왔고, 윤이후가 자리를 잡고 앉는 것을 보고서야 계단 끝에 걸터앉았다.

"이 안으로 들지 않고?"

"그냥 이러고 싶어요."

"그래? 그럼 나도 그리 앉아 볼까?"

윤이후가 마고자 자락 터는 시늉을 하며 옆으로 옮겨 앉았다. 허리를 틀어 자리를 내주는 윤두서 표정이 왠지 허허로워 보였다.

윤이후는 팔꿈치에 와 닿는 윤두서의 호흡을 느끼며 종택 앞을 지키고 선 은행나무로 시선을 던졌다. 세월을 덧입은 줄기마다 초록 잎이 무성했다.

"봄기운이 완연한 게 좋구나!"

종택을 감싸 안으며 병풍처럼 펼쳐진 덕음산과 성매산, 옥녀봉과 호산의 산줄기 줄기마다 각양각색의 나무들이 계절을 거스르지 않고 저마다 잎을 내고 꽃을 틔우느라 분주했다. 뒷산의 바위가 노출되면 마을 전체가 가난해질 거라는 선조들의 가르침을 따라 하나, 둘 심기 시작한 비자나무 숲도 뒤질세라 봄기운을 발산하고 있었다. 구석구석을 채운 진달래와 백동백, 철쭉나무, 덤불작살나무라고 한 치 다르지 않았다.

"한양에 간다고?"

"네."

"무슨 일로 가게 되었는지도 알 테고."

"그런데 작은아버지."

잠시 호흡을 가다듬고 난 윤두서가 물었다.

"그래."

"아버님 뜻은 잘 알겠습니다. 우리 가문만이 아니라 국가적으로도 증조부께서 얼마나 대단한 분인지도 잘 압니다. 그렇지만, 그렇다 해도 몸도 저리 불편하시면서 꼭 그렇게까지 해야 하는 건지 솔직히 잘 모르겠습니다."

"나도 걱정이 크구나. 형님께서 뜻을 접을 리도 만무고."

윤이후라고 어찌 같은 생각을 하지 않을까. 하지만 이번 위기만은 어떻게든 막아야 하지 않겠냐던 윤이석의 음성이 귓가에 쟁쟁했다.

"어릴 적 돌아가신 할아버지께서 증조부님 봉양을 위해 얼마나 많은 것을 감당해야 했는지 기억이 또렷합니다. 스물다섯에 과거에 급제하고도 고산의 아들이라는 이유로 관직 생활이 결코 순탄할 수 없었잖아요. 유배 가신 증조부를 대신해 집안을 돌보셔야 했고요. 연로하신 증조부께서 대소변을 가리지 못하게 되자 손수 수발까지 드셨지요. 오죽하면 증조부님께서도 대소사를 처리하는 능력이 뛰어난 데다 통이 크고 담대한 것이 자신보다 더 나은 재목이라며 흡족함을 감추지 못하셨을까요."

"기억하고말고. 보길도 원림을 조성할 때도 필요한 물자와 인력을 감당하기 위해 몸은 물론이고 마음고생도 얼마나 심하셨던지. 옆에서 지켜보는 것만으로도 숨이 막힐 지경이었는걸. 그런 와중에도 학문과 서법에 힘쓰기를 게을리하지 않으셨으니…."

윤이후야말로 백부伯父 윤인미尹仁美에 대한 기억이 범상할 수 없었다.

"제게도 필법을 직접 가르쳐 주셨는걸요. 그러니 할아버지의 부지런함과 어려움의 실체를 외부 사람들이 상상이나 할 수 있었을까요. 그런데 이제 아버님이 건강도 뒷전인 채 증조부님의 명예를 지켜 드리려 하시니. 절 끔찍이 아껴 주신 줄은 잘 알지만 증조부님이 아주 많이 밉습니다. 원망스럽습니다."

"아주 많이 밉다? 원망스럽다? 하하, 증조부께서 네 이놈, 호통 치시겠는걸? 회초리 들고 달려올지도 모르지."

윤두서 표정이 점점 굳어지는 걸 알아챈 윤이후는 콧방울을 찡긋해 보였다. 윤두서가 겸연쩍은 표정을 지었다.

"떠밀리듯 한양으로 가야 한다는 것이 도무지 내키지 않습니다. 모자란 생각인지 몰라도 요즘 상황으로 미루어 보면 아버님의 의지 따윈 일체 허락될 것 같지도 않거든요."

"설마, 한양길이 내키지 않는 이유가 결과를 지레짐작하고 그런 건 아닐 테지?"

"그도 그렇지만…. 하고자 했던 일을 느닷없이 멈춰야 한다는 게 실감이 나지 않습니다. 지난번 땅끝 마을 사람들을 만나면서 천연두 대처법 전파에 좀 더 박차를 가해야겠다는 각오를 했던 참이기도 하고요."

자아가 형성되면서였을까. 훨씬 전이었는지도. 선조들이 대를 이어 축적해 온 위민정신과 개척정신을 고스란히 이어받은 듯 윤두서는 늘 백성들과 나누며 살 수 있기를 소망하였다.

"이곳 사람들 또한 백성이거늘 한양에 있다 해도 나누며 살 수 있는 방법이 어찌 없을까. 그것을 실천하려는 의지가 중요한 게지. 나나 형들도 할 수 있는 건 최선을 다하마."

윤두서는 생각에 잠긴 듯 말이 없었고 한참이 지나서야 고개를 크게 주억였다. 윤이후가 윤두서의 어깨를 낚아채듯 끌어안았다.

"내일쯤 형들과 함께 백포 별저에 들러 보자. 봄도 한창 무르익었겠다, 바다도 보고 들판이며 마을 곳곳도 둘러보고 오자꾸나."

"네."

윤두서도 눈을 맞춰 웃었다.

"마침 두서 네 생일도 다가오고 하니 백포 부엌어미한테 미역국 좀 끓이라고 해야겠는걸?"

"작은어머니가 끓여 주시는 게 훨씬 맛있는데."

"그래, 그렇지."

윤이후는 어깻죽지로 전해지는 윤두서의 호흡을 고스란히 들이마시며 일만 평 남짓한 장원을 둘러보았다. 덕음산을 진산으로 성매산과 옥녀봉, 호산 산줄기가 이어져 있어 청룡과 백호, 주작과 현무가 잘 어우러진 최고의 명당 자리로 꼽히는 곳이었다. 그런데도 왜 이리 세파 속에서 헤어나질 못하는 것인지 모를 일이었다. 그런만큼 어깨가 얼마나 무거울지, 종손이라는 중압감이 어떠할지 헤아리며 윤두서의 어깨를 오래오래 투덕거렸다.

○

한양으로 이사한 윤이석의 의지가 무색하게도 얼마 후 조부의 관작과 시호를 박탈한다는 어명이 있었다. 윤이석은 후일을 기약하며 종현에서 멀지 않은 회동에 새 집을 마련하였고, 윤이후 가족이 종현 집에 기거하면서 윤이석과 윤두서를 도와 종중을 경영하였다.

윤두서는 무시로 해남을 오가며 천연두 대처법 전파에 박차를 가하였다. 새로운 관련 서적을 탐독하는 일도 놓치지 않았다. 농민들에게 수차이용법 같은 새로운 농사법을 가르쳐 주었고, 해남 지역에서 생산한 곡물의 매매를 중개하는 일 또한 한 해도 거르지 않았다. 그 덕분에 농민들은 자신들이 수확한 농산물을 제값에 팔 수 있었으며 수확량 증산과 품질 개량에도 관심을 기울였다.

천연두 퇴치를 위해 일가친척과 집안 노비들의 생활 습관을 깨우치려 부단히 노력했음에도 불구하고, 1695년 겨울, 집안의 아이들이 또다시 천연두에 걸리고 말았다. 천연두 대처법에 대한 기록의 필요성을 실감한 윤두서는 천연두를 다스리는 두신痘神은 존재하지 않는다고 강조하며, 이 병에 걸리면 신위를 차려 놓고 조석으로 제사를 지내고 굿판을 벌이는 미신적인 행위야말로 병을 더 쉽게 전파한다는 것과 제사상과 향탁을 반드시 철거해야 한다는 것 등 천연두의 감염 경로와 예방법을 상세히 기록한 「두신론痘神論」을 지어 집안 대대로 전수토록 하였다.

그리고 천연두를 앓고 난 사람의 얼굴에 생긴 딱지를 떼어 사기그릇에 넣고, 맑은 물 한 방울을 버드나무 가지에 적셔 떨어뜨린 다음 그것을 으깬 즙액을 콧구멍에 넣으면 면역력을 얻을 수 있다는 종두법種痘法도 터득하였다. 남자는 왼쪽 콧구멍에, 여자는 오른쪽 콧구멍에 즙액을 넣고 다음 날 빼내면 칠팔일이 지난 후에 통증을 동반한 태열 증상이 발생한다는 것이었다.

사사로움을 버리고

유월 볕이 따사로운 오후였다.

회동 집 서재에 윤두서와 형들 셋이 모여 앉았다. 창으로 쏟아
져 들어온 햇살 더미를 이고 앉은 모습들이 평화로웠다.

형제들 모두 끈끈한 정으로 맺어졌을 뿐 아니라 늘 어우러져
지내며 학문을 강마하고 예술을 논하다 보니 서로가 서로의 채찍이
고 부추김이었다. 힘이며 위안이었다.

윤흥서가 마주 앉은 윤두서에게 몸을 기울였다.

"오늘은 옥동玉洞과 만날 일이 없다고?"

한양길에 옥동 이서라는 좋은 벗을 알게 되었다며 한껏 들떴던
윤두서 모습이 눈에 선했다. 시전을 함께 돌아다니던 중에 외국 서
적을 구입하러 왔다는 말을 듣더니 중국 연경에 사신으로 갔던 아버
지께서 외국 서적을 다량으로 구입해 오셨다며 자신의 집에 가 보지
않겠냐 했다고. 이서 덕분에 새로운 서책을 볼 수 있었다며 흥분을
감추지 못했었다. 이서의 부친인 이하진 대감이 학문에 조예가 깊
은 줄 모르는 이가 없거늘. 윤흥서 저도 덩달아 들떴던 기억이 생생
했다.

윤두서는 이서를 옥동 사형이라 불렀고 그의 형인 이잠李潜과
도 종유하며 지식을 토로하고 분석하기를 즐겨 했다. 학문과 학풍을
모색하는 일이라면 낮과 밤을 가리지도 않았다.

"작은어머니와 아우 익이 정동 집을 방문한다 합니다. 그 참에
친척들이 모두 모이기로 했다는데 다들 아우를 끔찍이 아끼는 터라
자리를 뜨기가 쉽지 않을 거라 합니다."

"어린 나이에도 익의 총기가 남다른 모양이던데."

"잠이 형님께서 저와도 종유했으면 하십니다. 저 역시 기대가
크고요."

생각만 해도 설레는지 윤두서의 입가에 자디잔 미소가 퍼져 나

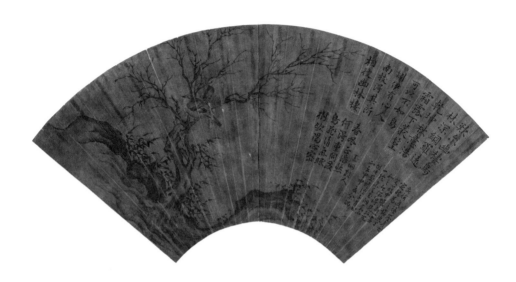

윤두서와 이잠, 이서의 우정이 담긴 〈유림서조도幽林棲鳥圖〉. 1704년.

가지만 앙상하게 남은 나무와 그 위에 앉아 있는 두 마리의 새를 표현한 그림이다.
윤두서가 왼쪽에 그림을 그렸고, 오른쪽에 이잠이 시를 짓고 이에 윤두서와 이서가
화답시를 적었다.

갔다.

경신환국의 여파로 운산에 유배되었던 이하진은 둘째 부인과의 사이에서 이익李瀷을 낳았고 다음해 생을 마감하였다. 이하진이 사망하자 곧바로 유배지를 떠난 둘째 부인은 이익을 데리고 선영先塋이 있는 안산에 들어가 살고 있었다.

"더없이 좋지."

"득경이 말이, 벗들 여럿도 아우의 학문에 관심을 보인다 합니다. 소개시켜 달라는 벗도 있다 하고요."

윤종서도 말을 보탰다.

"새로운 학문을 갈구하는 인재들이 그만큼 많다는 방증이겠지."

"실생활과 밀접한 학문이야말로 시대적 요구일 터, 실득을 추구하는 선비들이 많아질수록 백성들의 삶도 나아질 수 있지 않겠는지요. 그만큼 아우의 역할이 중요할 테지요."

재종형제 심득경沈得經은 어릴 적부터 함께 자란 데다 학문적 성향도 같다 보니 허물없이 어울리며 박학적인 학문을 공유하였다.

또한 삼 년 전 조선에 최초로 서양 문물을 소개한 지봉芝峯 이수광李睟光의 증손녀이자 여러 해 전 사망한 승지 이동규의 딸과 혼인하였다. 실사구시를 중시하는 처가의 학풍은 윤두서의 학문세계에 더없이 알찬 양분이 되어 주었으며, 처조카 이만부와도 교류할 수 있었다.

이렇듯 윤두서는 세 형과 이잠, 이서, 이익은 물론이고 심득경, 이만부 등과 교류하며 소소한 일상까지도 함께 나누었다.

윤두서가 내 말이 없는 윤창서의 어깨를 툭 건드렸다.

"그런데 형님은 아까부터 뭘 그리 골똘히 생각하십니까?"

"지난밤 꿈에 우리 모두가 백포 앞 바다로 나가 그물을 치고 있었네. 마을 사람들도 여럿 보였고. 딱히 한여름 같진 않은데도 햇살이 무척 강했지."

그제야 윤창서가 창에 둔 시선을 거두었다. 아직도 꿈을 꾸는 듯 눈 가득 햇살이 자글거렸다. 윤두서는 소리 없는 웃음을 웃었다.

"고기는 잡으셨어요?"

"그게 말이지. 지금도 도무지 믿기지가 않는 것이, 그물이 물속으로 빨려 들어간다 싶던 찰나 물고기 한 마리가 올라오는데…. 어

이수광의 『지봉유설芝峯類說』. 17세기 초.

조선 중기 실학의 선구자 이수광이 지은 우리나라 최초의 문화백과사전. 이수광의
가문은 윤두서의 해남윤씨, 이서 형제들의 여주이씨 가문과 함께 혼맥을 이루며 깊은
유대관계를 맺었다. 이를 통해 윤두서가 서학西學에 일찍이 눈을 뜬 데는 이수광의
영향이 있었음을 알 수 있다.

미 소만 하달까, 당산나무만 하달까, 크기를 짐작할 수도 없을 만큼 커다란 게 정신이 다 얼얼할 지경이었네."

윤창서는 두 팔을 있는 대로 벌린 채 어쩔 줄 몰라 했다.

"무슨 물고기였는데요?"

"생김새도 모호한 게 풀잉어 같기도 하고 상어 같기도 하고, 돗돔이었는지도 모르겠네. 상괭이였는지도. 비늘에 부딪치는 햇살은 또 어쩜 그리도 눈부시던지. 행여 놓칠세라 다들 힘을 합쳐 덥석 끌어안았지 뭔가."

"그거 태몽 아닌지요?"

윤두서의 아내는 지난해가 저물 즈음에야 임신을 하였고 처남 이현기가 현감으로 있는 과천에서 지내고 있었다. 그러다 보니 윤두서는 늘 아내 소식이 궁금하고 걱정되었다.

"태몽도 보통 태몽이 아니지."

"그런 걸 왜 이제야 말씀하신대요?"

"태몽을 내가 꿔도 되나 싶었네."

윤창서가 머쓱하게 웃었다. 그러고는 은근슬쩍 여닫이문을 바라보았다.

"오늘쯤 과천에서 소식이 오려나?"

"안 그럼 형님이 책임지깁니다."

"그러든지."

윤두서가 어깃장을 놓든 말든 개의치 않았다.

형제들 이야기가 무르익을 즈음이었다.

"별채 나리!"

여닫이문 쪽에서 종복 기석의 목소리가 들렸다. 윤두서는 빠르게 문으로 다가갔다.

"무슨 일이냐?"

"과, 과천에서 사람을 보냈는데요. 본채 어르신부터 봬야 한다길래 저라도 얼른 달려왔습니다."

급히 뛰어왔는지 숨소리가 들쭉날쭉했다. 행여 윤두서가 못 들을까, 기석이 목청을 돋우었다.

"마님께서 아드님을 낳으셨답니다."

"부인께선 무탈하시고?"

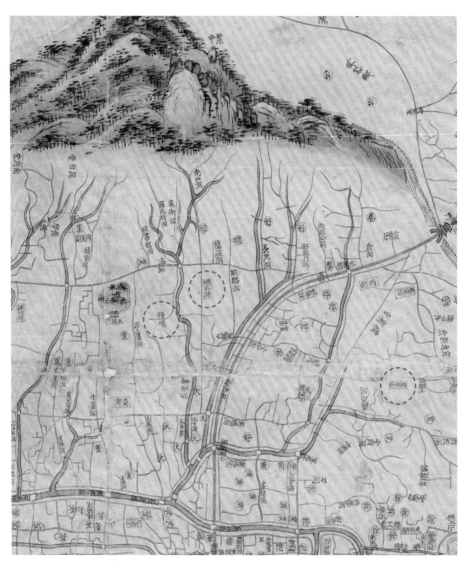

작자 미상. 〈도성도都城圖〉 세부. 18세기 말.

해남윤씨의 한양 종택은 명례방 종현에 위치했다(지도의 왼쪽 동그라미 부분). 이서
형제들의 집은 황화방(지금의 정동, 지도의 오른쪽 동그라미 부분)으로, 수시로
왕래하며 학문과 예술을 논하고 깊이 사귀었다.

윤두서 목소리에 설렘과 걱정이 뒤엉켜 있었다.

"것까진 못 들었는데요?"

"애썼다. 고맙구나."

윤두서는 뒷덜미를 긁적대는 기석에게 고갯짓을 해 보였다. 어느 결에 다가온 형들이 앞서거니 뒤서거니 축하를 건넸다.

○

여름 더위가 기승을 부리는 아침녘이었다.

윤두서는 정동으로 향했다. 이서 형제들과 빛의 굴절 원리와 활용법을 직접 실험해 보기로 한 날이었다. 이론도 중요하지만 직접 실험을 통해 빛의 굴절 원리를 이해해 볼 목적으로, 얼마 전 청나라 무역상에게 구입한 아버지의 안경을 빌려 나선 길이었다.

워낙 고가인 데다 구하기 쉽지 않은 물건인데도 자신의 청에 기꺼이 내주던 아버지를 떠올리며 윤두서는 안경이 든 상의 주머니를 쓰다듬었다. 천으로 겹겹이 싼 어피 안경집이 두툼했다.

회동길을 막 벗어날 즈음이었다.

초로의 사내가 윤두서를 불러 세웠다. 지팡이에 의지한 채 큼지막한 보따리를 들고 선 모습이 금방이라도 꼬꾸라질 듯 안쓰러워 보였다.

"양반 나리, 저 좀 도와주십시오. 저기 저 안쪽 집까지 가야 하는데 짐이 너무 무거워… 어느 댁 나리이신지 제발 좀 도와주십시오."

"보따리 이리 주게."

이서 형제들이 기다리고 있을 걸 생각하면 갈 길을 서둘러야 마땅했다. 하지만 측은지심에 모른 척 지나칠 수가 없었다.

"아이고, 고맙습니다요. 하오시면 염치 불구 부탁드립니다."

말이 떨어지기 무섭게 초로의 사내가 보따리를 덥석 떠넘겼다. 그러고는 모퉁이 길로 내처 윤두서를 이끌었다.

보따리 속 내용물이 제법 무거운 것이, 어느덧 목이며 등이 땀으로 흥건했지만 윤두서는 굳이 내색하지 않았고 사내는 사내대로 앞서 걷기에만 급급했다. 그렇게 얼마쯤을 걸었을까. 드문드문 이어진 집들을 그대로 지나친 사내가 목멱산으로 이어진 뒤안길로 방향을 틀었다. 집은 고사하고 인적조차 드문 외진 길이었다. 윤두서는 혹 길을 잘못 든 건 아닌지 걱정이 앞섰다.

"여보게, 어느 집에 가는 겐가?"

"것까진 알 것 없고!"

다급한 물음에 사내가 대뜸 뒤를 돌아다보며 대꾸했다. 한쪽으로 뒤튼 입가에 싸늘한 웃음기가 번져 있었다. 돌변해 버린 모습에 당황할 겨를도 없이 뒷머리에 둔탁한 충격이 가해지며 윤두서는 그대로 정신을 잃고 말았다.

악몽에서 깨듯 한순간 윤두서는 정신이 들었다. 눈과 입은 가려지고 팔다리가 모두 결박된 채 바닥에 널브러져 있음을 의식하는 찰나, 뒷머리에서 시작된 통증이 척추를 관통하며 온몸을 들쑤셔댔다. 신음 소리가 절로 터져 나올 지경이었다.

"그리 쉬이 속는 걸 보면 측은지심도 병인 게지."

"그래도 보따리가 보통 무거운 게 아닐 텐데 중간에 그냥 내팽개쳐 버릴까 봐 얼마나 가슴을 졸였게요."

사내들의 웅성거림이 점점이 귓속을 파고들었다. 제 얘기라는 걸 짐작한 윤두서는 재갈을 악물어 터져 나오는 신음을 눌러 삼켰다. 그리고 일체의 움직임을 삼간 채 사내들 이야기에 온 신경을 집중시켰다.

"그런데 행수 어른, 저이를 저대로 둬도 되겠습니까?"

윤두서 저를 뒤안길로 이끈 사내 목소리였다.

"저녁참에 남경으로 가는 배가 닿으면 선주에게 넘길 것이야. 그때까지만 잘 감시하고 있음 되네. 특히 다른 상단 쪽 접근을 철저히 차단해야 할 테고."

"어찌 처리할 생각이신데요?"

"과거시험장에 두 번 다시는 발을 들이지 않도록만 하면 될 터. 어디 먼 섬에 팔아넘기든 바다 한가운데 던져 버리든 선주 맘대로 하라지 뭐. 해적선에 팔아넘겨도 꽤 큰돈이 되겠지."

"그렇긴 한데요, 명망 높은 양반네를 그리해도 뒤탈이 없을지 걱정입니다."

"어허, 지금 이 나라 상권을 좌지우지하고 있는 게 누군지 몰라 그러나? 우리 대감의 눈 밖에라도 났다가는 이 상단도 끝이라는 걸

어찌 모르는가. 헌데 우리 대감께서 저자 생각만 하면 입안이 껄끄러워 밥 한 술 뜨기도 어려울 지경이라니 삼정승 양반네라 해도 가릴 처지가 아닌 게지."

"하긴."

"자, 자, 일찍부터 서두르느라 밥도 제대로 못 먹었다며. 점심만큼은 내 두둑이 먹여 줌세."

곧이어 사내들의 발소리가 멀어져 갔다. 문이 열리고 닫히는 소리에 이어 자물쇠 채우는 소리가 들리더니 정적만 길게 이어졌다.

서인정권이니 남인정권이니 관심조차 없었다. 그런데 단지 과거시험을 방해할 목적으로 자신을 납치하고 외국 상선에 떠넘기려 할 줄이야. 자신이 다니는 길목을 지키고 섰던 것도, 사람들 발길이 드문 길로 이끈 것도 오래전부터 계획한 일임이 분명하지 않은가. 도무지 믿기지 않는 상황에 윤두서는 정신이 아뜩해지는 느낌이었다. 아버지의 청에 이끌려 처음으로 과거시험에 응시했을 때 기억만이 스멀거렸다.

갈고닦은 지식을 바탕으로 문장을 써 나가던 중이었다. 시험관이 다가와 다짜고짜 답안지를 빼앗아 가더니 큼지막한 글씨로 고반顧盼*이라고 표시해 버렸다. 다른 사람 것을 베끼는 부정행위를 저질렀다는 이유였다. 아무리 항의해도 소용없었다. 더 이상 문제를 일으키면 두 번 다시는 시험에 응모할 수 없도록 조치할 거라며 되레 으름장을 놨다. 포졸들에게 두 팔을 잡힌 채 끌려 나오는 등 뒤로 시험지를 박박 찢어 버리는 소리가 들렸다.

경신환국의 주역들이 하나 둘 세상을 뜨면서 그들의 빈자리를 차지하기 위한 서인들 간의 날선 경쟁이 이어지고 있었다. 그런 중에 남인들이 주상의 각별한 관심을 받고 있는 후궁 장옥정과 교류를 시도하고 있다는 소문이 퍼지면서 서인들의 경계심과 조바심은 극에 달할 수밖에 없었다. 그런 만큼 사내들이 우리 대감이라 칭한 자가 서인들 중 하나일 거란 짐작은 어렵지 않았다. 다만, 설령 그렇다 해도 자신의 과거시험에 이렇듯 민감한 반응을 한다는 게 도무지 이해가 되지 않았다. 헛구역질이 날 것만 같았다.

---

* 조선시대 과거시험의 부정행위 중 하나로, 눈동자를 굴려 다른 사람의 답안을 훔쳐본다는 뜻.

어쨌든 절체절명의 상황이 아닌가. 시간이 별로 없다는, 어떻게든 정신을 차려야 한다는 생각에 윤두서는 깊고 긴 호흡으로 마음을 다잡았다. 상단의 창고라던 말과 배가 곧 도착할 거란 말을 떠올리며 거친 바닥에 이마를 짓찧었고 관자놀이를, 뒤통수를 마구잡이로 비벼댔다. 살갗이 찢기고 뼈가 으스러지는 것 같은 통증에다 비릿한 피 냄새가 진동을 했지만 잠시잠깐도 멈추지 않았다.

마침내 눈을 가렸던 천 조각이 찢기듯 풀려 나갔다. 창고 지붕과 맞닿은 바라지창으로 한여름 햇빛이 쏟아져 내리며 핏물로 얼룩진 시야를 희롱해댔다. 중국의 남경행 선박이 정박하는 곳이라면 마포나 용산 나루터가 분명했다. 이 창고를 벗어나기만 하면 그 다음은 크게 걱정할 게 없을 거란 확신에 차 윤두서는 재빨리 머릿속을 뒤적거렸고, 어렵지 않게 이서 형제들과 광학 원리와 활용법에 대해 공부했던 일을 떠올릴 수 있었다. 기왕이면 직접 실험을 해 보자는 이익의 제안에 따라 때마침 아버지 안경을 빌려 나선 참이 아니던가.

윤두서는 사방을 둘러보았다. 너른 창고 벽마다 궤짝과 가마니 따위가 빼곡히 쌓여 있었다. 팔과 다리, 목과 허리, 어느 한 곳 쑤시지 않는 곳이 없었지만 윤두서는 잠깐의 머뭇거림도 없이 궤짝 더미로 아등바등 기어갔고, 궤짝 모서리에 몸을 부딪쳐 가며 결박된 팔을 풀어내려 안간힘을 썼다. 순간순간 균형을 잃은 어깨가 허물어지며 옆구리에 팔뚝에 손목과 손등에 날카로운 통증이 이는 것도 개의치 않았다. 손목이 아려 오는 줄도 악문 이가 시큰거리는 줄도 몰랐다.

결박이 겨우 조금 풀렸을 즈음이었다. 갑작스레 창고 문이 흔들리며 거친 웅성거림이 새 들어왔다. 경계하고 경계했던 상황인데도 대번에 눈앞이 캄캄해지며 윤두서는 꼬꾸라지듯 궤짝들 틈새로 기어들었다.

"어, 뭐 이리 단단히 잠갔대?"

"이리 철저히 감시하는 걸로 봐선 보통 인물은 아닐 테고. 대체 누굴 가둬 둔 게야?"

"자, 자, 우리야 시키는 일만 하면 될 터. 어여 저쪽도 돌아보세."

창고 문이 재차 거칠게 흔들리고서야 한참을 이어지던 웅성거

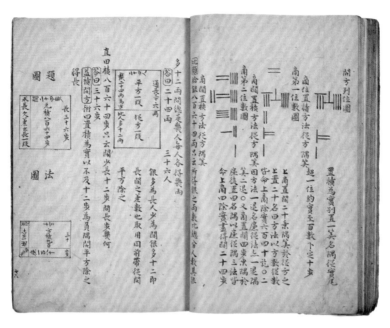

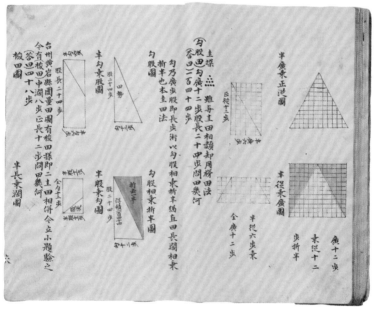

남송의 수학자 양휘楊輝의 『송양휘산법宋楊輝算法』. 1706년 필사본.

윤두서가 필사하며 공부했다는 산술 책으로, 성리학이 중심이던 당시의 학문 경향과
다른 그의 관심사를 보여준다. 공재는 명분보다는 실천을 중시하고, 한 가지 학문에
치우치기보다는 여러 분야를 두루 섭렵하는 박학博學을 추구했다.

림이 잦아들었다.

　다시금 정적만 이어지는 것을 확인하고서야 윤두서는 참았던 숨을 비로소 내쉬었다. 온갖 배설물과 곤충들의 사체, 썩을 대로 썩은 부검지 따위가 눈 가득이 담기며 그것들이 지어낸 악취에 비위가 뒤틀렸다. 궤짝에 짓눌린 어깨는 감각조차 없었다. 기다시피 궤짝 틈새를 빠져나오며 공포감에 사로잡힌 채 사방을 곁눈질해대는 자신의 꼴이 어찌나 처량하고 한심하던지, 문득 이게 뭐하는 짓인가 싶었다. 억울했다. 화가 났다. 오물통에 처박힌 생쥐가 따로 없다는 자괴감이 드는 것도 사실이었다. 다 때려치우고 싶다는, 될 대로 되란 심정도 없지 않았다.

　그러나 어떤 위해와 위협도 자신의 의지를 꺾을 수 없다는 것을 명확히 보여줘야 했다. 어떻게든 이곳에서 살아 나가야만 했다. 윤두서는 자포자기하려 했던 나약함을 자책하듯 뼈가 으스러지도록 모서리에 몸을 부딪쳐 결박된 팔을 비로소 풀어냈다. 재갈과 다리의 결박도 모두 풀 수 있었다. 안도의 한숨을 쉴 겨를도 없이 내쳐 상의 주머니에 든 안경집을 꺼내들었고 갖은 충격에 혹 잘못된 건 아닐까, 조바심을 삼키며 겹겹이 싸인 천을 풀어 나갔다. 손이 와들와들 떨려 자꾸만 미끄러져 내렸지만 멈추지 않았다. 귀퉁이가 부서져 나간 안경집을 열 때는 정신이 혼미할 지경이었다. 하지만 결코 멈춰서는 안 될 일이었다.

　마침내 안경알이 깨지지 않은 것을 확인한 순간, 가빠지는 호흡을 주체할 길이 없었다. 진둥한둥 호흡을 가다듬으며 가마니와 밧줄 멍석 따위를 햇빛이 쏟아져 내리는 바닥으로 쓸어 모았다. 아무데나 내팽개쳐져 있는 지푸라기도 쓸어 모았다. 그러고는 그것들 위로 안경을 갖다 대며 각도를 조절해 나갔다. 안경을 통과한 햇빛이 한곳으로 응집되면 불을 발생시킬 수 있다 하지 않았던가. 윤두서는 시간과의 싸움인 줄 알기에 시간을 의식지 않으려 안간힘을 쓰며, 안경알로 쏟아지는 햇빛을 응시했다.

　간절함이 하늘에 닿았을까. 안경알로 모아진 햇빛이 얽히고설키며 자글자글 끓어올랐다. 아래쪽 지푸라기에서 희뿌연 연기가 이는가 싶더니 어느 찰나 불길이 터지며 가마니와 밧줄, 멍석 더미를 타고 사방으로 번져 나갔다. 윤두서는 불이 붙은 가마니를 궤짝과 가마니 더미로 힘차게 내던졌다. 밧줄과 멍석을 사방으로 내던졌다.

시커멓고 매캐한 연기 탓에 눈이 따가운 줄도 몰랐다. 호흡이 가쁜 줄도 몰랐다.

"불이야."

"불? 불이닷!"

예상대로 바깥이 소란스러워졌다. 누군가 창고 문을 부서져라 흔들어대기도 했다. 윤두서는 불길을 헤치며 문 옆으로 황급히 붙어 섰다.

긴 소동 끝에 문짝을 부수는 소리가 이어지더니 우왕좌왕 사내들이 뛰어들고, 누군가는 물을 뿌려대고, 누군가는 물건을 밖으로 끄집어내느라 허둥대고, 창고 안이 난리도 아니었다. 때를 놓칠세라 문밖으로 몸을 날렸다. 워낙 경황이 없는 탓에 윤두서의 행동을 알아채는 이가 없었다.

"어서 불들 끄지 않고 뭣들 하는 게야? 서둘러! 서둘라고!"

행수라는 사내가 창고에서 멀찍이 떨어져 선 채 고래고래 고함을 쳐댔다. 윤두서는 사내의 등 뒤로 다가가 덮치듯 한 팔로 목을 휘어 감으며 다른 팔로는 두 손을 등 뒤로 몰아 잡았다. 느닷없는 공격에 사내가 기함을 했다.

"날세."

윤두서가 나직이 속삭였다. 그제야 알아챈 사내는 안색이 허옇게 질려 있었다.

"이게, 이 무슨….."

"너희 대감한테 가서 회동 사는 윤두서가 과거시험장에서 꼭 다시 보잔다고 전하렷다!"

여차하면 꺾어 버리고 말 기세로 윤두서는 사내의 목을 있는 힘껏 비틀었다. 등 뒤로 몰아 잡은 두 손에도 억센 힘이 가해졌다.

"네, 네."

사내는 숨조차 제대로 쉬지 못했다. 그러면서도 최대한 정중한 태도를 취하려 안간힘을 썼고, 그 바람에 얼굴이 엉망으로 일그러져 버렸다.

급작스런 화재에 놀란 사람들이 에서제서 몰려들었다. 다른 창고 쪽 사람들은 물론이고 나루터를 오가던 사람들까지도 무슨 일인가 싶어 앞서거니 뒤서거니 뛰어왔다.

"여기 책임자가 누구야?"

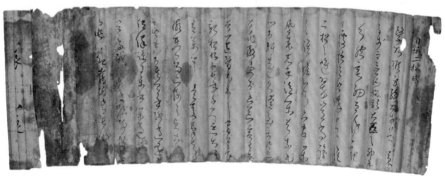

윤두서의 시권試券. 1693년.

과거에서 시 한 편과 부賦 한 편을 지어낸 답안지. 윤두서는 진사시進士試에 삼등으로 합격했으나, 당화가 치열해져 벼슬길로 나아가지 않고 학문에만 몰두했다.

　　나루터 주변을 순찰 중이던 포졸들은 아예 무리를 지어 몰려왔
다. 성질이 날 대로 났는지 진압봉을 휘두르는 몸짓이 거칠었다.

　　"네놈을 찾는가 보다."

　　윤두서는 사내를 창고 쪽으로 냅다 밀쳐 버렸다. 그러고는 멀
리로 보이는 목멱산을 올려다보았다. 한바탕 곤욕을 치르고 난 탓에
걸음을 내딛기가 쉽지 않았지만 뒤를 돌아보는 일은 결코 없었다.

○

　　집으로 돌아오는 길 윤두서는 공재恭齋를 호로 삼았다. 공손하며 실
학적 수양과 학문 탐구를 중시코자 함이었다. 사사로운 이익을 위해
편당偏黨을 만들지도, 당쟁 따위에 휘둘리지도 않겠노라는 선언이고
다짐이었다.

　　1692년 팔월 감과에 합격한 윤두서는 다음해(숙종 19년) 삼월
덕경과 함께 초시에 합격하면서 진사가 되었다. 비록 과거에 급제했
다 해도 모든 일이 순탄하고 정의로울 수 있기만을 진심으로 바랐다.

　　관직에도 일체 마음을 두지 않은 채 백성들을 향한 행보에만
집중하였다. 기사환국己巳換局(숙종 15년)으로 남인들이 재집권을
했든 갑술옥사甲戌獄事(숙종 20년)로 서인정권이 정국을 이끌게 됐
든 관심 밖의 일이었다.

　　이남 일녀를 두고 아내가 사망하는 아픔을 겪었음에도, 소론
명문가 출신인 이형상李衡祥의 딸과 재혼한 후에도 윤두서는 사사로
운 이익을 위한 편당을 만들지 않았다. 당쟁에 휩쓸리지도 않았다.
오로지 실사구시를 바탕으로 한 학문탐구에 전념했을 뿐이다.

쓰고 만들며 그리다

윤두서는 지식을 토로하고 분석하는 일에 더욱 흥을 내었다.

배울 것도 배우고 싶은 것도 무궁무진했으며 저술과 창작 활동도 꾸준히 해 나갔다. 실증적이며 고증적인 학문을 추구하는 만큼, 아무리 사소한 것이라 해도 이론에만 의존하지 않고 참고문헌이나 실험과 경험 등을 통하여 사실적 내용을 완벽하게 소화해내고자 노력했다.

이서와 더불어 천하의 일을 논하였으며 성정과 음양, 귀신의 이치, 수기치인의 방법, 의약, 천문 등 강구하지 않은 것이 없었다. 이서가 정립한 서법인 동국진체東國眞體를 전수받아 서예계의 지각 변동을 이끌기도 했다.

실생활과 밀접한 학문에도 집중하였다.

중국의 천문학자 황정黃鼎이 지은 천문서『관규집요管窺輯要』를 탐독하며 천문 및 기상 관측에 관한 이론을 터득하였다. 이탈리아의 필리포 그리말디Filippo M. Grimaldi가 펴낸 천문도『방성도方星圖』를 통하여 천체의 운행을 과학적으로 파악하는 한편 자연과학적 우주론에도 접근할 수 있었다.

이처럼 외국의 천문서와 천문역법서를 통해 터득한 전문적인 지식을 토대로, 주요 명사들의 묏자리를 분석하였으며 별자리를 통해 인사의 길흉을 읽어내는『자미배국紫薇排局』을 저술하기도 했다.

『세종실록지리지』와『팔도지리지』,『동국여지승람』『동국지리지』 같은 조선의 지리지를 탐독하는 한편 중국과 일본 등 세계 각국의 지리와 지도에 관한 견문도 넓혀 나갔다.

여러 해 전부터 각국의 이양선들이 심심찮게 출몰하고 있었다.

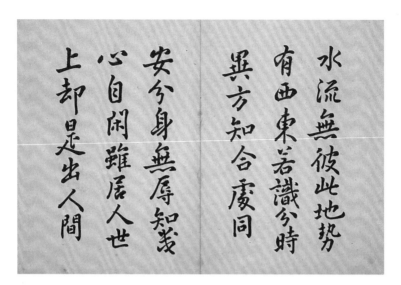

水流無彼此地勢
有西東若識今時
異方知合慶同

安今身無辱知畏
心自閑雖居人世
上却是出人間

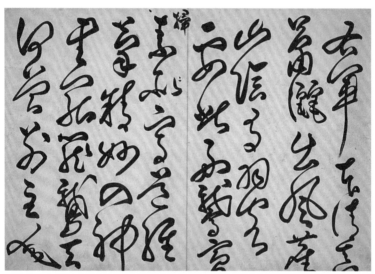

이서의 글씨.『옥동선생유필玉洞先生遺筆』 중에서. 18세기 초.

이서가 윤두서와 교유하며 써 준 필적들 위주로 모은 필첩이다. 이서는 조선 최초의
서론書論인『필결筆訣』을 저술한 인물로, 중국의 왕희지체王羲之體를 근간으로
동국진체를 정립했으며 윤두서와 함께 영자팔법永字八法을 연구해 윤덕희에게 전해
주었다.

일본 어민들이 어종이 풍부한 울릉도와 우산도于山島*를 침범하는 일도 빈번해져 갔다. 청나라는 청나라대로 자국의 이익을 해하는 일이 발생할까 긴장을 늦추지 않는 등 대외적인 갈등이 정도를 더해 가는 만큼 철저한 대비가 필요하다는 판단이었다.

왕기의『삼재도회三才圖會』나 사마표의『군국지郡國志』, 고염무의『태평고금기太平古今記』등 중국의 지도 및 지리지, 지방지를 두루 섭렵하였으며 이시카와 류센이 제작한 일본 지도 〈본조도감강목〉과 작자미상의 〈신판일본도대회도〉, 그리고 이들보다 앞서 제작된 〈가광침병풍일본도〉를 비롯하여 지리서와 역사서를 놓치지 않고 익혀 나갔다. 이익이 "공재 윤두서는 일찍이 일본의 역사를 구득해 보았다"고 언급했을 정도로 역사에도 허술함이 없었다.

또한 중국의 이탈리아인 선교사 마테오 리치Matteo Ricci가 제작한 〈여지산해전도〉와 〈산해여지전도〉 등의 세계 지도를 통하여 중국을 중심으로 한 세계관에서 탈피할 수 있었다.

이렇게 축적된 풍성한 견문은 〈동국여지지도東國輿地之圖〉를 제작하는 동력이 되었으며, 기존의 지도를 바탕으로 각종 서책에서 터득한 정보와 비교해 가며 수정, 보완해 〈일본여도日本輿圖〉를 제작할 수 있었다. 이는 일본 영토를 종이 한 장에 그린 채색 지도로, 훗날 윤두서의 외증손 다산茶山 정약용丁若鏞은 강진 유배 시절이던 1811년(순조 11년) 둘째 형 정약전丁若銓에게 쓴 편지에서 일본 지형을 손바닥 보듯 훤하게 알 수 있다며 이 지도의 정밀성과 세세함에 감탄하였다.

증조부 유품인 거문고를 타는 것으로 성정을 다스려 온 윤두서는 옛 서적들을 조사하고 독창적 발상을 가미하여 칠현금을 직접 제작했을 정도로 음악에도 조예가 깊었다. 제작한 칠현금은 당나라의 거문고와 체제도 양식도 한 치 틀림이 없었다.

그뿐만 아니라『회명뇌정시晦暝雷霆是』를 지어 칠현금의 보관 방법과 제작법, 몸체와 각각의 부품들 명칭은 물론이고 높이와 두께 등도 그림과 함께 상세히 기록하였다. 도면대로만 하면 누구라도 칠현금을 직접 제작할 수 있도록 한 배려였다.

---

* 독도의 옛 이름.

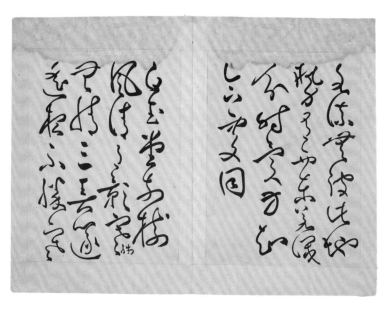

윤두서의 필적과 그림을 모은 『가전유묵家傳遺墨』 1권. 18세기 초.

윤덕희가 장첩하고 표제를 쓴 것으로 여겨진다. 윤두서는 전서와 예서, 해서, 행서, 초서 등 다양한 서체를 구사하여 자신의 사상과 생각들을 기록했다.

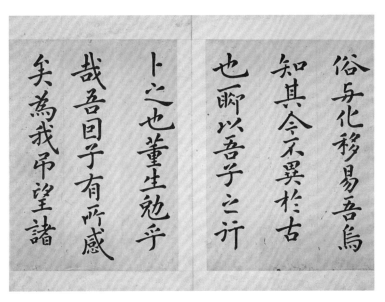

『가전유묵』 3권. 18세기 초.

중국의 천문학자 황정이 지은 『관규집요』1권. 1700년대 필사본.

중국의 전통 천문에 관한 내용이 총망라된 천문서. 윤두서는 총 80권 25책을
모두 필사해 소장할 정도로 천문학에 깊이있게 접근했다.

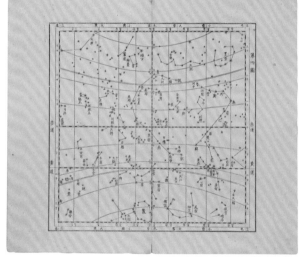

필리포 그리말디가 제작한 서양의 천문도 『방성도』. 중국 청대 1711년.

청나라 강희제康熙帝 때 서양 선교사로 일했던 이탈리아인 필리포 그리말디가 제작한
천문도. 당시 윤두서는 중국 서적들을 통해 천문학에 대한 견문을 넓혀 나갔는데,
천체의 운행을 더 과학적으로 파악하기 위해 이 책을 구입한 것으로 알려져 있다.

칠현금의 제조법을 물은 중인 최익한에게 답장을 보내 제조법에 관하여 상세히 설명해 주기까지 했다.

> 거문고의 재료는 땅으로부터 멀리 떨어져 질이 강하고 나뭇결이 곧고 통하는 것을 좋은 것으로 친다. 동파가 이르기를 밀납을 벤 듯한 것이 좋다 했는데 이 또한 그 질이 강한 것을 말한다. 대개 결이 곧으면 소리가 막힘 없이 화창하고 결이 굽으면 소리가 막히니 세가 그런 것이다. 또 세월이 오래되어 진액의 기운이 다 건조된 것을 좋은 것으로 치는데, 이는 더욱더 맑은 소리를 내기 위해서이다. 길고 짧게 만드는 것은 『악학궤범』에 따른다. 궤범을 살필 수는 있지만 반드시 구애될 필요는 없다. 제작할 때 나무의 본성을 살펴 성질이 치밀한 것은 얇게 하여 통하게 하고 성질이 성긴 것은 두껍게 하여 갈무리해야 한다.[1]

편지를 통해 거문고의 재료로 적합한 나무는 어때야 하는지 설명하면서 건조 과정의 필요성도 언급하였다. 또한 수치는 『악학궤범』에 따르되 반드시 구애될 필요는 없다며 조건에 따라 달리할 수 있음도 설명해 주었다.

윤두서에게 거문고는 오락을 위한 도구가 결코 아니기 때문이었다. 덕을 갖춘 인격 완성을 위한 실천이었고, 수양이었다.

장인정신이 투철하고 기교에도 조예가 깊어 다양한 기구를 제작하기도 했다. 무기의 일종으로 활에 기계장치를 부착한 쇠뇌와 망해도望海圖를 직접 제작하는가 하면, 오래전에 없어져 버린 의복과 갓, 살림살이에 쓰는 각종 도구들을 조사, 연구하여 그 내용을 서술해 놓기도 했다. 내용대로만 하면 누구라도 제작할 수 있도록 한 배려였다.

실사구시를 추구하는 학문은 그림에도 고스란히 반영되었다.

『당시화보唐詩畵譜』와 『고씨화보顧氏畵譜』를 비롯한 중국의 서적과 서화첩을 탐구하였으며 서양의 참고문헌을 통해 서양화의 개념과 풍조, 기법 따위를 습득해 나갔다. 자신만의 화풍을 수립키 위한 고민이고 노력이었다. 옛것을 표방하되 현재를 새롭게 하려는 의지이기도 했다.

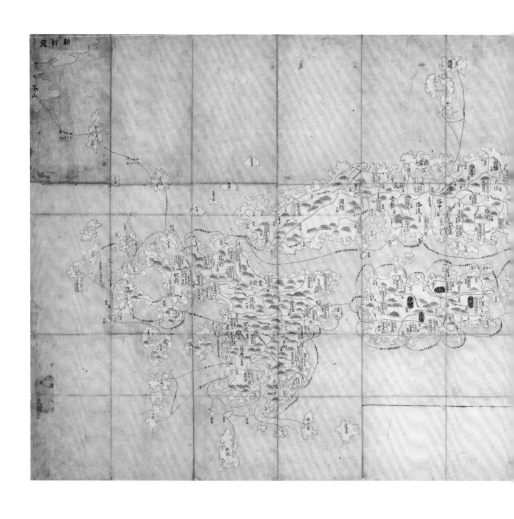

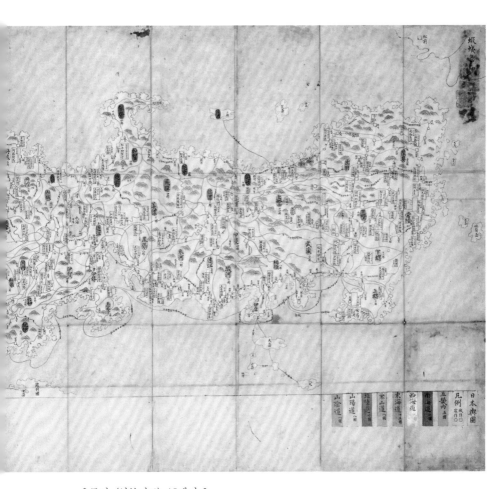

윤두서, 〈일본여도〉, 18세기 초.

또한 눈에 보이는 무언가를 그릴 때면 일상적인 삶이 담긴 장면을 재현하는 데 집중했다. 심미적 화풍보다는 실용적인 화풍을 중시하겠다는 의지의 표현이었다.

말을 그릴 때면 마구간을 지키고 서서 하염없이 말을 응시했다. 며칠이든 혹은 몇 년이라도 개의치 않았다. 말의 모양과 심경을 마음의 눈으로 꿰뚫어 볼 수 있게 되어 털끝만큼의 의구심도 들지 않을 때 붓을 들었다. 그렇게 그린 그림이 실제와 터럭만큼이라도 다르다 싶으면 즉시 찢어 버렸고, 그림과 실제 모습이 서로 어울린 뒤에야 붓을 놓았다. 어린아이를 그릴 때면 종복 아이에게 양해를 구한 다음 서 있게 하고 돌아다보게도 하고, 이렇게 저렇게 움직이게 하면서 사실적인 모습을 구한 뒤 화선지를 펼쳤다. 성총이라는 노승의 일거수일투족을 관찰하고 사생한 후에야 노승을 소재로 한 다양한 그림을 그려냈으며 실제 모습과 한 치 다르지 않을 때 비로소 붓을 놓을 수 있었다.

남녀유별이 엄격한 사회임에도 불구하고 생업 현장에서 만나는 여인들의 옷차림과 머리 모양, 손동작, 걸음새 등을 세세히 관찰하고 표현하는 파격적 행동도 서슴지 않았다. 어린아이부터 노인들까지 웃는 모습이 얼마나 다양한지를 살피는 일에도 허술함이라고는 없었다.

나무를 그릴 때면 달빛 아래 그림자 진 것을 따라 본을 뜨며 연습하여 참모습을 얻고서야 화폭에 옮겼다. 바람의 세기와 방향에 따라 나무줄기의 흔들림이 어떻게 변하는지, 물결은 또 어떤 파장을 그리는지 놓치지 않았으며 다른 물체들도 이와 같은 방식으로 그려 나갔다.

문인이자 미술 평을 남긴 남태응南泰膺은 이런 윤두서의 화법에 찬사를 보냈으며, 화가이자 비평가로 이름 높은 이하곤李夏坤도 그의 재능과 의지를 높이 평가하였다. 그의 그림은 온 세상이 보배로 여겨 한 장을 그릴 때마다 사람들이 가져가 남아 있는 게 없을 정도라며, 기회가 될 때마다 감상하고 평하였다. 화보나 서적에 관해 토론하기도 즐겨 했다.

윤두서는 특히 말과 관련한 그림을 즐겨 그렸다.

평소 안장이나 재갈 채우기를 마다할 만큼 말에 대한 애정과 관심이 남다른 윤두서였다. 말은 제가 지닌 모습 그대로 자유로워야 한다고, 그래야 기백과 기품을 잃지 않는다고 믿었다. 말은 곧 자신이라고 믿었으며, 말의 기백과 기품을 고스란히 흡수하고 싶은 까닭에 말의 심경까지 꿰뚫어 볼 수 있을 때 비로소 화폭에 담았다. 작품이 마음에 들지 않으면 몇 번이고 폐기했을 정도로 투철했다.

　　남태응은 윤두서의 말 그림은 이미 입신의 경지에 이르렀다며 감탄을 아끼지 않았다.

　　이하곤 또한 윤두서 사망 후, 중인 최익환으로부터 말 그림을 얻어 소장하게 되자 감격에 겨워 어찌할 바를 몰라 했다.

　　윤두서의 그림 가운데 말 그림이 더욱 절묘하다. 그 뜻을 얻은 것은 조맹부 부자에 뒤지지 않는다. 이 그림은 내가 최익한으로부터 얻은 것인데 종류마다 의태가 곡진하고 그 절묘함이 한간韓幹*에 가까웠다. 옛날에 수상秀上은 모임자리에서 이공린이 말에서 떨어진 그림에 취미가 있었다고 농담했는데, 나는 윤두서 또한 그러하다고 하였다. 오호라! 이미 구원에 있구나.[2]

해마를 대상으로 〈유하백마도柳下白馬圖〉를 그릴 때였다. 비단에 말의 윤곽선을 그린 다음 갈기와 꼬리를 그렸고 볼과 콧잔등, 눈망울 순으로 세밀하게 형상화하였다. 유난히 짧은 목덜미의 갈기도, 연하거나 진한 먹과 호분胡粉을 사용해 스치듯 그어 내린 꼬리도, 볼록 튀어나온 볼과 완만한 곡선을 그리다 콧구멍쯤에서 급하게 굽어진 콧등도 오랜 관찰을 통해 말의 근골과 본성을 터득한 덕분이었다. 몸체는 호분을 발라 주었고, 색을 더해 가며 언덕의 바위와 풀을, 버드나무 줄기와 잎을 꼼꼼히 붓질했으며 고삐도 보이는 그대로 묘사했다. 자신의 기백과 기품을 고스란히 투영하고자 함이었다.

　　윤두서의 의중을 꿰뚫어 보았는지, 오랜 세월을 함께해 온 해마가 왼쪽 뒷발을 슬그머니 들며 봄기운을 마음껏 호흡하였다. 바람에 나부끼던 버드나무 줄기가 등줄기에 스쳤을까. 입가에서 퍼져 나

---

* 중국 당나라의 화가. 말 그림으로 명성이 높았다.

윤덕희. 〈마상미인도馬上美人圖〉. 1736년.

윤덕희가 둘째 아들 윤용尹愹에게 그려 준 그림. 배경은 생략했으며, 말과 인물의
이국적인 풍모가 두드러진다. 아버지 윤두서의 영향으로 서화에 입문해 그와 같이
말을 잘 그렸으며, 윤용이 그 화업을 이어받아 삼대 문인화가로 일가를 이룰 수
있었다.

윤두서. 〈유하백마도〉. 18세기 초.(pp.58-59)

간 미소가 콧잔등을 타고 눈망울에 가득이 담겨졌다.

　배를 훤히 드러낸 채 강변 풀밭을 뒹구는 〈마도馬圖〉 속 수말은 하늘을 향해 치켜든 네 발에 넘치듯 풍성한 갈기까지 보태져 당장이라도 비단을 뚫고 나올 것처럼 생동감이 넘쳤다. 턱 가까이 구부린 콧등과 콧구멍, 웃음기 머금은 눈가는 이보다 더 좋을 수 없다는 듯 충만해 보였다. 배를 드러내고 누운 곤마 자세는 여러 마리의 말을 한 지면에 담는 군마도에 종종 보이는 자세로, 관찰을 통해 터득한 말의 습성 그대로였다.

　지면 가득히 연푸른색을 펴 바른 다음, 앙상한 갈비뼈도 아랑곳 않은 채 젖을 물리고 있는 어미 말과 까만 눈동자를 내보이며 힘차게 젖을 빠는 새끼 말을 때로는 빠르고 힘찬 필선으로, 때로는 무심한 듯 간결한 필선으로 그려 나가기도 했다. 듬성듬성 난 풀포기조차 갈비뼈를 닮은 듯 앙상하건만 어미 말의 표정은 순하고 부드럽기 이를 데 없었다. 어미와 새끼 말이 지면의 반을 차지하도록 그려낸 이유였다. 머리 위 나뭇가지를 최소화한 이유기도 했다.

　〈군마도群馬圖〉에 담은 세 마리의 말은 메마른 붓을 이용하여 굵거나 가는 선만을 거칠게 표현하였다. 풀밭에 막 앉으려 하는 말과 풀을 뜯는 말 그리고 그것을 물끄러미 바라다보는 말, 개개의 행동과 자세를 꼼꼼히 살펴본 후 단숨에 그려냈으며 그들 위로 드리워진 나뭇잎 또한 거칠게 그려냄으로써 함께 있으되 저마다의 역할에 충실하고 있음을 강조하였다.

　몸통을 잔뜩 틀어 풀을 뜯는 말, 사람을 태우고 무르익은 봄을 가로지르는 말, 장정을 태운 채 꼬꾸라질 듯 내달리는 말 등등, 윤두서가 그려낸 다른 말들 역시 저마다의 호흡과 이야기를 담고 있었다. 나무줄기에 바투 묶인 고삐도 아랑곳 않고 저만치 어딘가를 내려다보는 말도 다르지 않았다.

　그와는 달리, 말다래를 걸친 네 필의 말이 끄는 병거와 그 위에 탄 병사를 사실적으로 묘사한 〈주례병거지도周禮兵車之圖〉는 『주례』의 「고공기」와 『삼재도회』에 실린 병거 모형을 참고 삼아 그린 것으로, 고증학적 태도와 병법에 관한 관심, 실천적 지식 등을 잘 보여주고 있었다.

수없이 만나는 풍경과 하층민들의 삶도 무심히 봐 넘기지 않았다.

윤두서. 〈마도馬圖〉. 18세기 초.

윤두서. 〈수하마도〉. 18세기 초.

윤두서, 〈수하준마도樹下駿馬圖〉, 18세기 초.

윤두서는 삶의 버캐가 버거워지노라면 길을 나섰다.

생각을 지우고 버리며 걷다가도 물소리에 취한 듯 걸음을 내딛었다. 비가 쏟아지는 것도 눈밭에 허리춤이 빠지는 것도 개의치 않았다. 강변을 지키고 선 고목에 기대어 오지 않는 뱃사공을 하염없이 기다린 적도 있었다.

산사람들과 벗이 되어 나무도 하고 숯도 굽고 새카만 어둠을 이불 삼아 곤한 잠에 빠지기도 했다. 호랑이 발자국을 따라 헤매다 낭떠러지를 타고 달리는 사슴을 맞닥뜨렸을 때는 한껏 숨죽여 기다려 주었다. 무성한 잡풀 사이로 핀 영지 향기가 은은하게 퍼져 나갔다.

울울한 산속을 헤매다가도 헐렁헐렁 내려왔으며 펼쳐진 평야를 외면한 채 바다를 끼고 이어진 벌판을 질주했다. 심해어를 꿈꾸며 바다 깊숙이 잠수했다 그대로 웅크려 앉아 있기를 여러 번이었다.

마을을 가로질러 걷다가 멈춰 서 생업 현장을 건너다볼 때도 많았다. 궁금한 건 묻기도 하고 체험도 하다 보면 시간 가는 줄도 몰랐다.

그렇게 호흡을 나누노라면 시나브로 마음이 그윽해졌다.

하늘하늘 외나무다리
깎아지른 골짜기에 매달려 쏟아지는 폭포
산은 깊고 달은 높지 않으니
조심해서 신중하게 밟는다네.[3]

그림으로 풀어내며 스스로를 다져 나갔다.

서둘러 마을 어귀를 지나다 언덕길 나무 아래 앉아 짚신을 삼고 있는 노인을 만난 적이 있었다. 나무 그늘이 노동의 고단함을 씻어내 주었을까. 잔뜩 옹그린 발가락이 무색할 정도로 지그시 뜬 눈가가 그윽했다. 윤두서는 머뭇거림 없이 화선지를 꺼내들어 〈짚신삼기〉를 그려 나갔다. 경사진 언덕과 배경 삼은 나무둥치 그리고 노인 앞으로 드러난 바위와 풀을 그리는 손길이 찬찬했다. 팔뚝까지 걷어 올린 소매를, 무릎에 걸쳐진 잠방이를, 깔고 앉은 짚방석을 그리려니 서둘렀던 걸음이 무색하게만 느껴지는 것이, 하늘을 우러르며 깊고 긴 호흡을 할 수 있었다.

사대부 선비면서도 햇살 따스한 봄날, 나물 캐기에 몰두해 있는 두 여인들의 모습을 〈채애도採艾圖〉에 담고자 머리부터 발끝까지 세밀히 관찰하였다.

바투 튼 머리를 동여맨 머릿수건, 무릎 위로 질끈 묶은 치맛자락과 그 아래로 보이는 고쟁이, 고무신 위로 드러난 버선발, 바구니 손잡이를 움켜쥔 손, 한순간도 나물에서 뗄 줄 모르는 시선, 잔뜩 구부린 허리와 고개를 돌려 비스듬한 뒤태, 사실성을 담보로 한 표현 또한 파격적이었다.

비스듬한 언덕도 그 너머로 보이는 산봉우리들도 구름 한 점 없는 하늘과 저 멀리 날아오르는 새도 모두 두 여인을 위해 존재하는 것 같았다. 언덕을 따라 듬성듬성 보이는 돌멩이나 잡목, 푸성귀 또한 다르지 않았다.

〈석양수조도夕陽垂釣圖〉 속 어부는 나무 아래 긴 낚싯대를 드리운 채 낮잠을 자고 있었다. 팔베개를 하고 배까지 드러낸 모습도, 짧은 소매에 깡총한 잠방이를 걸친 모습도 될 대로 되라는 듯 태평하기만 했다. 구레나룻에 짙은 눈썹, 두툼한 콧방울은 입가를 뒤덮은 수염과 어우러지며 한가로움을 더해 주었다.

마음이 고요하니 몸 또한 한가로워
낚싯줄 거두고 석양에 누웠다.
내 낚시 본래 곧아서
강태공을 꿈꾸는 것 아니로다.[4]

윤두서는 자신의 마음을 담아 그림 왼쪽에 시를 적었으며, 이서가 이에 화답하는 시를 오른쪽에 써 주었다.

돌연 위천의 흥을 잃으니
한결같은 뜻이 엄광嚴光에 가깝구나.
석양에 눕기를 좋아하지 마라.
아침 햇살에 앉은 것만 같지 못하다.[5]

강태공이 낚시를 한 위천과 세상을 등지고 산 한나라의 엄광에 빗대어 초야에 묻혀 사는 삶을 추구코자 함이었다.

〈수탐포어도手探浦漁圖〉에 물속 바위를 사이에 두고, 잡은 물고

윤두서. 〈석양수조도〉. 18세기 초.

기를 갈대에 끼워 입에 문 아비와 물고기 잡기에 여념이 없는 아들 모습을 담기도 했다. 옷가지 위에 놓아 둔 두건을 감싸듯 길게 뻗은 나무줄기는 물속까지 그늘을 드리우고 있었다. 두 사람 모두 몸짓이 여유로웠으며 갈대에 꿴 물고기조차 서둘 게 무어냐는 표정이었다. 더없이 넉넉했다.

산줄기가 겹쳐진 깊은 산이었다. 무슨 일로 눈 쌓인 산에 올랐던 것일까. 〈설중기마도雪中騎馬圖〉에 묘사한 마부가 한겨울 추위도 아랑곳 않은 채 비탈진 산길을 내려오고 있었다. 방한모 차림이었고, 곱은 한쪽 손을 소매에 넣은 채 입김을 불어대고 있었으며 고삐를 잡은 다른 손으로 채찍까지 들고 있었다. 지면에 닿은 말발굽이 보이지 않는 것이 발목까지 눈이 쌓였음을 짐작케 하였다. 그런데도 서두는 일이라곤 없이 말과 호흡을 맞추어 한 걸음 한 걸음 내딛는 것이 아닌가. 허둥지둥 산길을 내려 밟던 윤두서는 자신도 모르는 새 걸음을 늦추며 사방을 둘러보았다.

〈설산부시도雪山負柴圖〉 역시 한겨울의 산 풍경을 담고 있었다. 나무꾼이 긴 막대에 꿴 나무 꾸러미를 어깨에 메고 눈 덮인 산언덕을 내려오는 그림이었다. 방한모를 눌러 쓴 모습도, 막대를 움켜잡은 두 손을 소맷자락 깊숙이 넣은 모습도, 눈길에 미끄러지지 않으려 발목부터 신발바닥까지 새끼줄로 꽁꽁 동여맨 모습도 추위를 짐작케 하는 데 부족함이 없었다. 그럼에도 귀밑까지 뒤덮은 구레나룻과 큼지막한 콧방울은 이깟 추위쯤 대수냐는 듯 우직하기 이를 데 없었다.

그것만이 아니었다. 선차를 이용하여 목기를 깎는 장인들을 그린 〈선차도旋車圖〉에서부터, 갈대 무성한 강에 배를 띄우고 노 저어 가는 어부, 소를 끌어 비탈 밭을 일구는 농부와 소를 풀어 둔 채 잠깐의 휴식에 빠진 목동, 힘을 합쳐 돌을 깨는 석공 등등 생업에 전념하는 모습들을 그림으로 풀어내노라면 단 한 순간도 허술히 흘릴 수 없음을 실감했다. 나무 그늘에서 낮잠을 자는 선비를 묘사한 〈하일오수도夏日午睡圖〉처럼 또 다른 삶의 단면을 보여주기도 했다.

속화라는 경시풍조에 편승해 화가들마저 관심을 기울인 적 없는 풍속화였다. 애민정신이 짙게 밴 그림들은 훗날 조선 후기를 이끈 화가들의 화풍에 노둣돌이 되어 주었다.

〈희룡행우도戲龍行雨圖〉나 〈격룡도擊龍圖〉, 〈용도龍圖〉 같은 용 그

윤두서. 〈주례병거지도〉. 18세기 초.

윤두서. 〈짚신 삼기〉. 18세기 초.

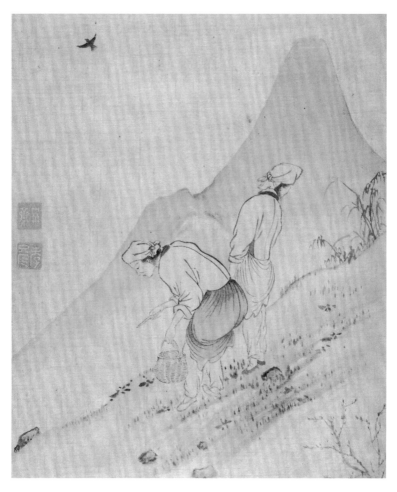

윤두서. 〈채애도〉. 18세기 초.

윤두서. 〈선차도〉. 18세기 초.

윤두서, 〈경전목우도耕田牧牛圖〉, 18세기 초.

윤두서. 〈하일오수도〉. 18세기 초.

윤두서, 〈수하독서도樹下讀書圖〉, 18세기 초.

윤두서. 〈채과도菜果圖〉. 18세기 초.

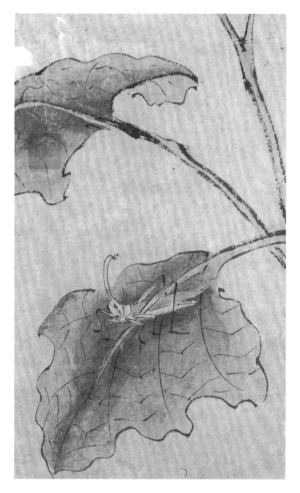

윤두서. 〈초충도草蟲圖〉. 18세기 초.

림 또한 남태응이 이미 입신의 경지에 이르렀다며 감탄해 마지않았을 만큼 빼어났으며 사슴과 새, 원숭이는 물론이고 곤충 한 마리도 하찮게 다루지 않았다.

바위에 기대앉아 책을 읽는 〈수하독서도〉, 석장을 짚고 선 〈노승도老僧圖〉 등 노승의 모습을 다양한 각도로 담아내며 세상사를 관조하겠다는 의지를 다지기도 했다. 노승 성총의 일거수일투족을 오랫동안 관찰하고 사생해 온 결과물들이었다. 앙상한 나뭇가지 아래 나란히 앉아 있는 사자와 나한을 묘사한 〈사자나한도獅子羅漢圖〉는 불화 기법을 활용하여 붉은색과 녹색, 청색을 진하게 칠해 묘한 여운을 남겼다. 당나라의 여자 협객 홍선을 주인공 삼은 〈여협도女俠圖〉를 비단에 그려낸 적도 있었다.

이렇듯 사생과 관찰을 중시하고 서민들의 생활상을 가감 없이 담아내는 등 새로운 시도와 변화를 주도했던 윤두서의 화풍은, 말 그림에 뛰어난 장남 윤덕희와 손자 윤용에게로 이어져 삼대 문인화가 일가를 이룰 수 있었다. 또한 남종화와 인물화, 풍속화, 동물화 등 대부분의 분야에서 옛것을 표방하되 새로움을 추구했던 의지는 정선鄭敾, 심사정沈師正, 강세황姜世晃, 김홍도金弘道 같은 조선 후기의 대표적 화가들에게 영향을 미쳤음은 물론이고 강희언姜熙彦과 조영석趙榮祏 등이 윤두서의 그림을 모방하며 자신만의 영역을 구축해 나갈 수 있는 원천이 되었다.

계절이야 가든 오든, 윤두서는 실사구시를 바탕으로 쓰고 만들고 그리며 자신이 가야 할 길을 다졌다. 도달하고픈 세상을 향하여 뚜벅 걸음을 내딛었다.

지도에 담은 마음

1694년 정월 아버지 윤이석이 타계하였다. 윤이석은 임종을 지키는 윤두서에게 고맙다는 말을 되뇌었고 윤두서는 부여잡은 손을 차마 놓지 못했다.

곧이어 갑술옥사로 정국이 요동쳐댔지만 윤두서는 외부와의 접촉을 삼간 채 종중을 경영해 나갔다. 오래전 귀향하여 화산면의 죽도 개간에 전념하고 있는 윤이후와 윤창서, 윤흥서가 해남 쪽 일을 도왔지만 종손으로서의 역할과 책임은 막중할 수밖에 없었다.

죽도 간척 비용을 마련하기 위해 회동 집을 정리하고 북촌의 재동으로 이사한 일도 있었다. 증조부께서 진도군 임회면 굴포리를 간척해 육십여만 평의 농토를, 완도군 노화면 석중리에 삼십구만 평 남짓한 농토를 조성한 덕분에 주민들의 삶이 한결 나아진 걸 생각하면 결코 몸을 사릴 수 없는 일이었다.

○

이서가 영의정 남구만을 모시고 재동 집을 찾았다. 좌의정 박세채의 천거로 얼마 전 관직에 나선 이서였다.

"궁에 들렀다 영의정 어른을 뵈었지 뭔가. 자네를 꼭 보았음 하시기에 모시고 왔네."

"혹 나를 기억하는가?"

윤두서를 건너다보는 남구만의 눈빛이 지긋했다.

"큰 도움 주신 어른을 어찌 잊을 수 있겠습니까."

십 년도 훨씬 전이었다. 외국 서적이 들어왔다는 보부상들의 귀띔에 한양에 올랐다가 광대패의 일로 포도대장과 충돌했던 기억이 또렷했다. 잠깐 본 것이 전부였지만 단호하면서도 너그럽기 그지없던 모습이 잊힐 리 없었다.

"자네들의 호기가 웬만했어야 말이지. 아마 내가 나서지 않았

79

대도 자네 둘이 너끈히 해결했을 것이야."

"지금껏 인사드리지 못해 송구할 따름입니다."

"나 역시도 좌의정 대감의 소개로 이서의 소식을 알게 되었으니 피장파장 아닌가. 자네 근황도 들을 겸 이리 찾아온 걸세."

"안으로 모시겠습니다."

남구만이 잠깐 대문가를 돌아다보았다. 혹이라도 자신의 방문을 불편해할까 조심스러운가 보았다. 반가운 이를 맞이하는데 남인이니 서인이니 따질 이유가 무에 있을까. 윤두서는 예를 갖춰 남구만을 사랑방으로 이끌었다.

얼마 지나지 않아 다과상이 들어왔다. 각색의 다식이 정갈히 차려져 있었고 빛 고운 녹차는 향이 깊고 그윽했다. 남구만은 윤두서와 이서를 번갈아 보았다. 흐트러짐이라곤 없는 자세며 눈빛이 믿음직스러웠다.

"둘 모두 숭정전에서 다시 만나길 바란다는 말 기억하는가?"

"말씀 기억합니다."

"어찌하다 보니 영의정이라는 직책을 맡고 있긴 하네만, 솔직히 이 나라 백성들을 생각하면 자네들 같은 인재야말로 귀히 쓰여 마땅할 거란 생각이라네. 헌데 작금의 형국을 보면 그마저도 수월치만은 않아 보이니…."

생각만으로도 한숨이 났다.

"두서 자넨 아예 관직 생각을 접었다고."

"네."

확고한 대답에 남구만은 숨을 삼켰다.

"나름 뜻이 있겠거니 싶으이. 헌데도 왠지 미안코 아쉽구먼. 요즘 정국에 화도 나고."

"아버님의 삼년상을 마치면 귀향할까 합니다."

윤두서의 표정이 안온하기 이를 데 없었다. 남구만은 비로소 날숨을 내쉬었다. 아쉬움이 묻어나는 표정이었다.

"더없이 귀하디귀한 생각이거늘 그 뜻을 누군들 폄훼할 수 있을꼬. 아쉬운 것도 사실이고."

"옥동 사형이 있으니 천병만마를 얻은 것과 진배없을 것이옵니다."

"에코! 내 어깨가 왜 이리 무거울까?"

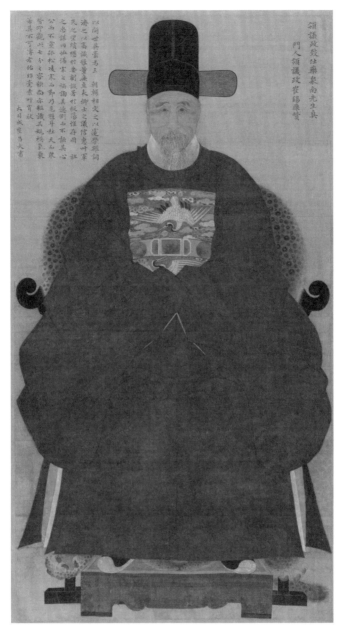

작자 미상. 〈남구만상南九萬像〉. 조선 후기.

조선 후기의 문신이자 소론의 영수로, 갑술환국이 계기가 되어 영의정
자리에 올랐다. 이 그림은 당시 전형적인 초상화 유형에서 벗어나 있다는
점에서 윤두서의 초상화(p.157)와 비슷하다. 특히 골상이 잘 드러나는 칠팔
분면 대신 정면상을 취하고 있으며, 선묘 대신 선염으로 얼굴을 묘사하는
등 새로운 표현기법이 돋보인다.

윤두서의 의지를 익히 아는 이서가 과장된 어깻짓을 해 보였다.

"자네인들 어찌 순탄키만 하겠는가. 허나 백성들을 생각하는 마음만은 부디 변치 않기를 바라고 또 바람세."

"말씀 깊이 새기겠습니다."

남구만의 우려처럼 이서는 노론계의 끊임없는 경계 탓에 말직을 전전할 수밖에 없었다. 하지만 오로지 백성만을 생각하며 학식과 열정을 쏟아 나갔다.

"부탁컨대 혹여 내가 제대로 행하지 못하고 있다 판단되거든 언제든 날 찾아 주었으면 하네. 염치불구 부탁함세."

"그리하겠습니다."

"약속하였네."

집을 나설 때까지도 남구만은 반가움과 아쉬움이 교차하는 표정을 감추지 못했다.

○

죽도 간척 사업이 마무리되면서 겨우 한숨 돌릴 즈음이었다.

해질녘 장남 윤덕희尹德熙가 사랑채를 찾았다. 언짢고 어이없다는 표정이었다. 박태형도 따라 들어왔다.

오래전 증광시 때의 일이었다. 시험장으로 향하던 윤두서는 꾀죄죄한 사내아이 하나가 도둑으로 내몰려 포졸들에게 끌려가는 것을 목격하였다. 이름이 박태형이라고 밝힌 아이는 부모님이 모두 돌아가시는 바람에 고향인 경주를 떠나 곳곳을 떠돌다 보니 한양까지 오게 됐고, 하도 배가 고파 여물통을 기웃거렸을 뿐이라며 애걸복걸하였다. 그런데도 포졸들은 눈 하나 꿈쩍할 줄을 몰랐다. 아무래도 아이가 눈에 밟힌 윤두서는 시험장을 코앞에 둔 채 왔던 길을 되돌아갔고, 자신이 모든 걸 책임질 것을 약속하고서야 집으로 데려갈 수 있었다. 아이가 제 앞에 차려진 밥그릇에 코를 박다시피 하는 걸 보고 난 다음 서둘러 시험장으로 달려갔지만 시험이 시작된 지 이미 오래였다.

그렇게 인연이 되어 자식처럼 살펴 주고 있는 박태형은 사리가 밝고 총명한 데다 정이 깊어 윤덕희와 아우들과도 형제처럼 지내고 있었다.

윤덕희가 앞뒤 없이 물었다.

"안용복安龍福이라는 어부 아시지요?"

"삼 년 전 일본 어민들이 울릉도와 우산도에 침입하자 그걸 제지하다 일본에 끌려갔던 이 아닌가. 울릉도와 우산도가 조선의 영토임을 주장하며 에도막부江戶幕府로부터 확인 서계도 받아냈고."

그런데 귀국 도중 쓰시마 도주에게 서계를 빼앗기고 말았다. 쓰시마 도주는 울릉도와 우산도에서 조선 어민의 고기잡이를 금지시켜 줄 것을 청하는 서계를 예조禮曹에 보냈고, 그러자 예조는 울릉도와 우산도가 조선의 영토임을 명확히 밝히면서 외딴 섬의 왕래를 금지하는 공도정책에 적극 협조할 것을 청하는 복서를 보냈다.

"태형 형님과 함께 육조거리에 나갔다 들은 얘긴데요. 얼마 전 울릉도에서 고기를 잡다 또다시 왜나라 어선을 발견하고는 미쓰시마까지 추격해 꾸짖었답니다. 하쿠슈 태수에게 영토 침입에 대한 사과를 받고서야 귀국했다는데, 귀국하자마자 한양으로 끌려왔다 합니다. 스스로를 울릉우산양도감세관鬱陵于山兩島監稅官이라 칭하며 사사로이 국제 문제를 일으킨 죄랍니다. 조금 전에 당장 사형에 처하라는 어명이 하달되었다며 상을 내리진 못할지언정 그게 말이 되냐고 다들 난리도 아니었습니다. 제 생각도 그러하고요."

무얼 어쩌자는 게 아니었다. 다만 위정자들의 행태가 하도 황당하고 화가 나 아버지의 이해를 구하고자 함이었다.

"그 어부 아저씨가 뭘 그렇게 잘못했다는 건지 정말 모르겠습니다."

박태형은 분을 이기지 못해 씩씩댔다.

위정자들이 마땅히 해야 할 일을 어부가 목숨 걸고 나서 주었거늘 그걸 어찌 사사로이 국제 문제를 일으켰다고 폄훼할 수 있단 말인가. 더욱이 사형에 처하라는 어명이 있었다니. 관명을 사칭한 죄가 결코 가볍지 않음을 감안한다 해도 윤두서는 그 행태가 도무지 이해되지 않았다. 그렇지만 정계와는 거리를 둔 자신이 나선다한들 상황이 달라질 리 만무했다. 되레 상황을 더 악화시킬 뿐이었다.

생각 끝에 윤두서는 남구만을 떠올렸고, 복 차림을 추스르며 외출 준비를 했다. 시간이 촉박했다.

"다녀올 곳이 있구나."

"저녁 식사는…."

영문도 모른 채 박태형이 재빨리 댓돌 아래로 내려섰다.

"다녀와 보자꾸나."

윤두서는 고개를 조아리고 선 윤덕희를 돌아다보았다. 열두 살 아이도 알고 있는 정답을 기필코 외면하는 의도가 무어든 용납할 수 없었다.

퇴청해 있던 남구만은 난감한 기색을 거두지 못했다. 마주 앉은 윤두서를 바로 보려 하지도 않았다.

"영토 문제야말로 백성들의 삶과 직결된 문제 아닐는지요."

누군가는 반드시 짚고 넘어가야 할 일. 윤두서는 절박한 심정이었다.

"요즘의 국제 정세로 보아 국가 간의 영유권 분쟁은 더욱더 심화될 터, 이번 기회에 영유권 문제를 명확히 하는 것이야말로 위정자들이 해야 할 일이라고 믿습니다. 이번에도 유야무야 넘어간다면 언제든 또다시 영토 분쟁으로 인한 혼란을 겪게 될 것입니다."

각국의 이양선 출몰이 잦아지고 있었다. 일본 어민들이 울릉도와 우산도를 침범하는 일도 빈번해져만 갔다. 청나라와도 압록강과 두만강을 사이에 두고 국경 문제로 자주 다툼을 벌이고 있거늘. 그 어느 때보다도 철저한 준비가 절실할 때였다.

"헌데도 영토 침입에 대한 사과까지 받아 온 이를 어찌 사형할 수 있단 말입니까. 관명을 사칭한 죄가 아무리 크다 한들 그거야말로 우리 스스로 영유권을 포기하는 일 아닐는지요."

"…."

남구만은 오늘 조정에서 있었던 일을 떠올렸다.

길지 않은 논쟁이었다. 대신들 몇몇이 의견을 피력하였지만 주상의 단호한 태도를 확인하고 더 이상 말을 보태려 하지 않았다. 사사로이 국제 분쟁을 일으킨 것만으로도 죽음을 면키 어려우련만 관명까지 사칭한 죄를 어찌 가벼이 다룰 수 있겠냐며 앞다퉈 사형을 외쳤다. 강력히 반론을 제기하던 자신 역시도 어느 순간 입을 다물어 버리지 않았던가. 남구만은 구차한 변명을 늘어놓기도 부끄러웠다.

"목숨만은 구해야지요. 백성들이 느끼게 될 패배감 또한 가벼이 여기실 일이 아닙니다."

비록 개인 자격일지언정 영유권 주장에 앞장선 이를 사형에 처한다면 그에 수반되는 사회적 불신과 혼란은 가늠조차 어려웠다.

윤두서의 진심이 닿았을까. 침묵으로 일관하던 남구만이 작심한 듯 운을 뗐다.

"고백하자면… 안용복을 사형에 처하라는 엄명을 들으면서도 나와 내 가문의 안위가 염려스러워 몸을 사리고야 말았네. 그런데 자네와 마주 앉고 보니 잠시나마 개인적 영달에 연연했던 치졸함이 부끄러울 따름일세. 부디 나를 믿고 기다려 주게나."

"어른께서 의당 그리해 주시리라 믿었습니다."

눈빛이 단호했다.

"그리 말을 해 주어 고마우이."

혹여 자신이 제대로 행하지 못하고 있다 판단되거든 언제든 찾아와 달라 청했던 기억을 떠올리며, 남구만은 손세수로 정신을 가다듬었다. 결의 찬 표정이었다.

얼마 후 안용복을 사형에서 유배로 감형한다는 어명이 포고되었다. 남구만이 정치적 생명을 걸고 나서 준 덕분이었다. 시름을 던 윤두서는 심사숙고 끝에 조선 각 지역의 행정구역과 자연정보뿐 아니라 인문과 사회 등의 관련 정보까지 세세히 수록한 지도 제작을 계획하였다. 첨사와 만호 같은 군사요충지도 예외일 수 없었다. 울릉도와 우산도를 비롯한 우리 영토의 영유권을 확고히 할 필요가 있다는 판단이었다.

남구만이 재동 집을 찾아왔다. 이서에게 전국 지도 제작 소식을 들었노라 했다.

윤두서는 남구만을 서재로 모셨다. 널찍한 책상에 이전에 제작되었던 지도와 지리학 관련 문헌들이 즐비했다. 측량도구와 필기구 등도 자리를 차지하고 있었다.

한반도 지형을 비롯하여 성곽의 요충지와 교통로, 지역 간 거리 같은 지역적 특성을 전도에 담고자 한다는 설명에 남구만이 탄성을 터트렸다. 이십여 년 전, 길주 이북의 육진 여러 곳을 관방지도인 〈함경도지도〉에 담아 현종에게 바치지 않았던가. 그런 만큼 지도가 갖는 가치를 누구보다도 잘 아는 까닭이었다.

"종가 경영만으로도 하루해가 짧으련만 그런 중에도 지도 제작을 계획하였다니 그 열성에 감복할 따름이네."

"숙부님과 형님들이 계셔서 힘이 됩니다. 아이들도 돕겠다 하고요."

윤덕희는 감사하다고, 저도 뭐든 도울 거라며 반겼다. 박태형은 벌써부터 어딜 가든 제가 모시고 다닐 수 있게 해 달라고 청하지 않았던가.

"그렇다 해도 한두 해에 마무리될 일은 아닌 듯하이. 비용도 만만치 않을 테고."

"말씀처럼 종중 경영을 온전히 배제할 수는 없는 터, 얼마간의 시간이 필요할지 알 수는 없으나 귀향을 미루고라도 추진할 생각입니다. 제 개인 판단으로 진행하는 일인 만큼 비용 또한 오롯이 제 몫일 테고요."

법으로 금했던 예전과는 달리 개인의 지도 제작과 소유가 가능한 줄은 알지만, 귀향을 미루면서까지 추진하겠다 하니. 남구만은 숙연한 마음을 감추지 못했다.

"자네에게 너무나 큰 짐을 지어 준 것이 부끄러울 따름이네."

"군주나 위정자들을 위한 일이 아닌 것을요. 묵묵히 제자리를 지키고 사는 백성들을 위해 반드시 해야 할 일이라 생각합니다."

"고비고비 쉬운 길은 아닐 터, 어떠한 경우에도 지금의 각오만은 절대 잊지 마시게."

"그리할 것입니다."

남구만은 밤이 늦도록 서적과 자료들을 살폈고 측량도구의 용도와 사용법에도 관심을 기울였다. 일흔 가까운 나이가 무색했다.

재동 집을 다녀가고 얼마 지나지 않아 남구만이 파직되었다.

희빈 장씨의 가족 묘소에서 동자인형이 발견된 것이 발단이었다. 세자를 저주하는 사건이라고 여긴 숙종은 연루자들을 모두 처벌하려 들었고, 남구만은 이처럼 사소한 일로 옥사를 벌여서는 안 된다며 반대하고 나섰다. 결국 주모자만 처벌하는 선에서 사건이 마무리되었지만 남구만은 모든 책임을 지고 영의정에서 물러나야 했다.

남인과 서인, 노론과 소론의 경계를 아우르려 부단히 애쓰던 남구만의 부재가 가져올 후폭풍이 어떠할지, 윤두서는 걱정이 앞서는 건 어쩔 수가 없었다.

○

윤두서는 첫 일정으로 울릉도와 우산도를 다녀왔다.

열흘길을 걸어 울진으로 갔고 이틀 꼬박 배를 타고 울릉도에 닿았으며, 우산도까지 빠짐없이 돌아본 후 삼척을 거쳐 한양으로 돌아오는 일정을 소화해내느라 몸이 천근만근이었다. 허나 수집해 온 자료들을 정리하는 마음만은 풍요로움으로 차고 넘쳤다.

그런데 남구만의 부재가 가져온 후폭풍 탓일까. 에기치 못한 두 번의 시련을 겪어야 했다. 윤종서의 죽음도 견뎌야 했다.

지난하기 이를 데 없는 시간을 지나고서야 윤두서는 다시금 지도 제작을 위한 걸음을 내딛을 수 있었다. 그렇다 해도 서둘지도, 생색만 내려 하지도 않았다. 경기와 충청 일대를 다니며 지역 간 교통로를 조사했고 영, 목, 부, 군, 령, 감, 첨사, 만호, 성 등의 행정구역과 군사요충지를 살폈으며 한양까지의 일정도 기록해 나갔다.

곧바로 전라우수영에서 좌수영 사이의 산과 고을들 지형을 꼼꼼히 짚어 나간 윤두서는 크고 작은 섬들을 돌며 육지 및 도서 상호 간의 연결 수로를 조사하였다. 벽파진을 통해 진도로 건너가 지력산을 비롯한 산줄기와 인근 섬들의 연결 수로를 살피기도 했다.

나주 영산포에서 배를 타고 흑산도로 건너갈 때는 압해도와 하의도 우이도 그리고 홍의도 인근 섬들도 빠짐없이 돌아보았다. 한 곳이라도 더 둘러보기 위해 잠을 아끼고 식사 시간을 줄이는 일도 마다하지 않았으며 바다가 거칠 때면 수집한 자료들을 검토하는 데 몰두했다.

숙종이 탕평책을 공표하였다. 이번 기회에 한자리쯤 차지할 수 있지 않을까 하는 기대로 도성 안이 온통 술렁거렸지만 때마침 한양으로 돌아온 윤두서는 또다시 짐을 챙겨 미처 둘러보지 못한 호남 곳곳을 찾아 나섰다. 온갖 차별과 핍박 속에서도 묵묵히 살아가는 백성들을 위해 결코 놓을 수 없는 일이었다.

호남 지역을 막 살피고 온 1699년 구월이었다. 윤두서가 오기를 기다리기나 한 것처럼 작은아버지 윤이후가 세상을 뜨고 말았다.

자신을 세상에 내어 준 친아비였으며 고비마다 당근이 되고 채

해남윤씨 역대 선조들의 글씨를 모아 엮은 책 『영모첩』. 조선 후기.

윤두서는 이백여 년에 걸친 선조들의 행적을 정리하고 가통을 전수했다.
표제는 윤두서가 작성했고, 편집도 한 것으로 전한다.

찍이 되어 주던 윤이후였다. 윤두서는 윤이후가 진정으로 바라는 바가 무엇일지 헤아리며 마음을 추슬렀고 백련동 종택에 머물며 종가의 자산과 노비 상황을 점검하였다. 가노의 수가 수백여 명에 달하다 보니 그와 관련한 문서를 정리하는 일도 수월치만은 않았다.

○

신사옥사辛巳獄事(숙종 27년)로 정국이 또다시 요동쳤다.

종기에 시달리던 인현왕후가 죽자 희빈 장씨 숙소에 설치된 신당이 문제가 되면서 불거진 사건이었다. 숙빈 최씨에게 애정을 쏟고 있던 숙종은 일말의 미련도 없이 장씨를 사사하였다. 장씨에 대한 치죄를 만류하던 남구만과 최석정崔錫鼎 등을 유배하거나 파면함으로써 노론 측에 힘을 실어 주는 것도 잊지 않았다.

작은어머니가 사망하는 슬픔도 겪어야 했다. 자신을 낳아 주었으면서도 마음껏 품어 안을 수 없었던 작은어머니. 윤두서의 슬픔은 어떤 말로도 표현키 어려웠다. 현실을 곧이곧대로 받아들이기는 쉽지 않았다.

그런 중에도 윤두서는 집안의 유물과 유적을 수집, 정리하여 『가세유사家世遺事』와 『해남윤씨가세유묵海南尹氏家世遺墨』, 『영모첩永慕帖』『경모첩景慕帖』을 편찬했으며, 관찰공의 묘전 마련 같은 종중의 중대사를 관장한 후에야 비로소 지도 제작을 위한 행보를 이어 갈 수 있었다.

종친 윤이송과 윤이보가 재동 집을 방문했다. 긴장한 표정들이 역력했다.

"종손께 꼭 하고 싶은 말이 있어서 말이지."

"말씀 듣겠습니다."

"에두르지 않고 단도직입적으로 말하겠네. 지난번 관찰공의 묘전을 마련하기로 했을 때 말일세. 각자 사정에 맞춰 출자키로 의견을 모은 줄은 알지만 종가에서 종조 어르신 댁보다 적게 내었다 들었네."

"앞서 관찰공의 제사를 지속적으로 치루기 위한 공동 기금을 마련했을 때도 종손께서 윗대 어른보다 적게 출자하셨지 않은가. 그

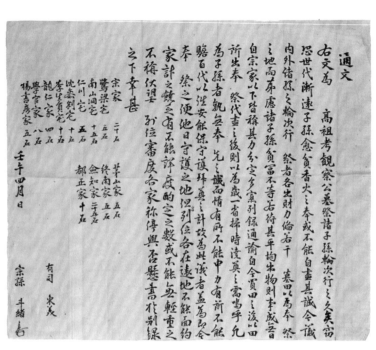

관찰공 윤유기尹唯幾의 묘제를 지내는 데 필요한 묘전을 마련하기 위해 작성된
통문通文. 1702년.

이 문서에는 재물을 각출할 집안과 재물의 수량이 적혀 있는데, 집안 형편을 고려하여
책정되었으며 이의를 제기할 수도 있었다. 윤이후의 오촌 당숙이자 유사有司인
윤동미尹東美와 함께 종손인 윤두서의 서명이 있어, 집안의 중대사를 주관했음을 알
수 있다.

러다 보니 그걸 두고 괜한 얘기들이 끊임없이 오가고 있네. 종가에 대한 불평불만까지 심심치 않게 섞이는 것이 이러다 큰 분란이라도 이는 게 아닌지 걱정이 앞설 지경이지 뭔가.”

사전에 조율이 있었는지 윤이송과 윤이보가 번갈아 이야기를 풀어냈다. 묘전과 관련하여 뒷말이 있을 것을 전혀 예상치 못한 바는 아니었다. 그렇다 해도 분란이 우려될 정도일 줄 어찌 알았을까. 윤두서는 귀 기울여 듣기만 했다.

“언감생심 종손에 대헤 따따부따히는 바탕엔 종가의 재정 여건이 예전 같지 않다는 데 있는 듯하이. 죽도 개간에 워낙 많은 비용이 들어간 줄 어찌 모를까. 그런데도 많은 친척들이 종손께서 추진하고 계신 지도 제작이야말로 가장 큰 원인일 거라 여기는 눈치라네. 제작에 전념하느라 재정 문제를 등한시하고 있다는 게지. 그러니 종가 재정인들 온전할 수 있겠냔 말일세. 오죽하면 워낙에 검소하신 걸 모르는 이가 없으련만 그런데도 하루에 두 끼만 드시는 거며, 기름진 음식은 일체 취하지 않는 거며, 하다못해 겨울에는 털옷을 대신해 얇은 홑옷만을 고집하시는 것까지 새삼 여러 입에 오르내릴 지경이야.”

“온갖 불편을 감수하면서라도 한양 생활을 이어 가는 것도 지도를 위한 선택이 아니겠냐는 얘기도 심심찮게 오가는 걸. 선대 종부께서야 연로한 자신을 편안히 모시기 위한 거라고 강조하지만, 다들 그게 아닐 거란 생각을 지우지 못하는 눈치네. 관직에 나간 것도 아니면서 조정에서 마땅히 해야 할 일을 종손께서 도맡아 한다는 게 도무지 이해가 안 된다는 거지.”

“애당초 관직에는 뜻이 없으신 터, 더 이상 미루는 일 없이 귀향해 주셨으면 하는 종친들이 결코 적지 않다네. 종중 경영에 전념해 주셨으면 하는 게지. 우리 둘도 물론 같은 생각이고.”

할 말을 마친 윤이송과 윤이보가 슬그머니 윤두서 표정을 살폈다. 종손으로서의 책무가 막중한 만큼, 종손은 종친들 중 누구든 문적에서 제명할 수 있는 막대한 권한을 행사할 수 있기 때문이었다.

윤두서는 그제야 깊고 긴 호흡을 하였다. 문적에서 제명되는 치욕을 감수하면서까지 자신을 찾아와 준 진심을 폄훼할 수 없는 까닭이었다.

“두 분은 물론이고 종친들께서 우려하는 바를 모르지 않습니

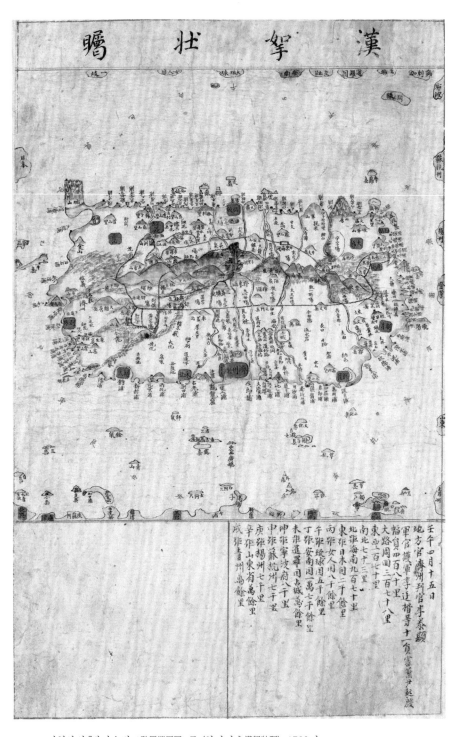

이형상의 『탐라순력도耽羅巡歷圖』 중 〈한라장촉漢拏壯矚〉. 1703년.

이형상이 제주목사였을 때 화공 김남길金南吉에게 그림을 그리게 하여 제작한
기록화첩. 그중 제주도를 상세히 기록한 지도 〈한라장촉〉에는 방위 및 주변 도서와의
거리까지 표시되어 있다. 윤두서는 장인 이형상을 학문적 스승으로 존경했으며 자주
서신을 주고받으며 학문적 지식을 공유했다.

다. 심려를 끼쳐 송구한 마음 또한 적지 않습니다. 허나 주상이나 위정자들을 위한 일이 결코 아니거늘. 오로지 이 나라 이 땅을 터전 삼아 살아가는 백성들을 생각하여 그리고 있음을 어찌 헤아리지 못하십니까. 부디 저를 믿고 기다려 주십시오. 제가 하는 일에 힘을 실어 주십시오."

진심 어린 설득이 가슴에 닿은 걸까. 윤이송과 윤이보가 시나브로 생각에 잠기더니 한참만에야 고개를 주억였다.

"종손의 의중을 미처 헤아리지 못하였으니…. 이제라도 분란을 가라앉히는 데 전력을 다할 것이네. 그래도 여전한 이가 있거든 그 또한 우리가 책임을 질 테고. 허니 종친들 걱정일랑 일체 말고 지도 제작에 열과 성을 다해 주시게."

"혹 도울 일이 있으면 언제든 말씀하시고."

"두 분만 믿겠습니다."

눈빛이 단호했다.

윤이송과 윤이보가 다녀가고, 윤두서는 곧장 영남 지역으로 걸음을 내딛었다.

경상도 상주에 기거하며 학문과 후진 양성에 전념하고 있던 처조카 이만부의 발 빠른 도움에 힘입어 내륙과 주변 섬들을 훑다시피 살피고 다녔다. 산간 오지와 스치듯 지나쳐도 그만인 무인도까지 놓치지 않고서야 강원 지역을 거슬러 올랐다. 꼼꼼하고도 찬찬한 걸음으로 무엇 하나 허술히 하는 일이 없었다.

포천과 덕원을 거쳐 북청으로 향하였고 갑산과 삼수, 회령, 경원을 비롯한 함경도 곳곳을 돌아보았다. 행정구역과 군사요충지는 물론이고 한양까지의 일정도 기록해 나갔으며 두만강 유역을 거슬러 올라 백두산 너머 지형까지 세세히 조사하였다. 압록강을 타고 내려오며 북서 지역과 중부를 살피는 것도 허투루 할 수 없었다. 서해로 솟은 섬들도 놓치지 않았다.

주막이나 길에서 만나는 사람들의 입담을 듣노라면 아무리 힘이 들어도 힘든 줄을 몰랐다. 한껏 달군 쇠에 메질과 담금질해대는 대장장이를, 한 알이라도 놓칠까 눈 부릅떠 벼 이삭을 훑어내는 농부를, 물때를 놓칠세라 조새질에 여념이 없는 갯가 노인을, 바다 깊숙이 어망을 던지며 흥타령을 불러 젖히는 어부들과 잔뜩 굽은 등을 치세워 장작을 패는 나무꾼들을, 애어른 할 것 없이 감을 따고 밤송이를 까는 가족들을 응시하노라면 지친 줄도 몰랐다.

행여 놓친 게 없을까 하여 남도 지역까지 되밟아 내려간 윤두서는 구백여 리 바다를 건너 제주도로 갔다.

제주목사로 부임했던 장인 이형상이 지은 『남환박물南宦博物』을 통해 제주의 가구와 인구수, 말과 소 등의 현황을 파악할 수 있었다. 이형상이 제주의 각 고을을 다니며 당시의 견문과 행사, 사건 등을 담아낸 『탐라순력도』도 큰 도움이 되어 주었다.

윤두서는 제주목과 정의현, 대정현을 잇는 한라산 줄기도 빠짐없이 살펴보았다. 정의에서 두락도로 건너가 지귀도, 삼도, 의탈도 그리고 범도로 이어진 수로를 조사하였고 대정에서 죽도, 마라도에서 가파도를 잇는 수로도 돌아보았다. 본섬 서쪽의 비양도에서 배를 타고 동쪽 우도까지 건너가 보기도 했다.

원자의 세자책봉과 관련한 상소를 올렸던 이잠이 주상과 노론의 진노를 사 생을 마감하는 사건이 있었다. 윤두서는 그를 잃은 아픔을 『시경』「소아」편에 실린 시 「아행기야」를 인용해 풀어놓았고, 스스로를 다독이며 지도 제작을 위한 행보를 이어 갔다.

내가 그 들판을 거니는데 풀만이 무성하네.
그 사람 보이지 않고 풀만 흐트러져 있네.
남쪽엔 남두성 북쪽엔 북두성
참으로 오로지 명을 맡아 천하를 밝게 내려다보네.
해와 달 하늘에서 곱게 빛나고
밝은 빛 천하를 내려 비추니 만국이 우러러보네.
어떤 산이 나라를 지키는가, 화산華山은 우뚝하고
도도히 흐르는 양자강과 한수는 나라의 기틀을 이루네.
관직과 제사가 엄격하게 다스려져 이를 보이도다.
내가 옛사람〔古人〕을 생각하니, 고인은 그 누구인가.
고인이 보이지 않아 내 마음 슬프다네.
내 마음의 슬픔이여, 나는 어디로 갈 것인가.
고인이 보이지 않으니, 나는 어디를 방황할 것인가.
사방을 둘러보다가 갑자기 어찌할 바 모르네.[6]

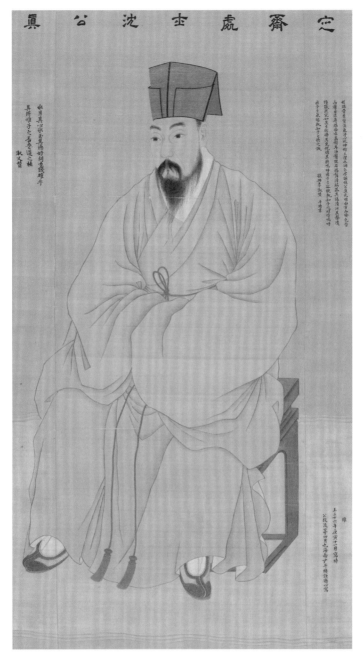

윤두서가 그린 심득경의 초상 〈정재처사심공진〉. 1710년.

심득경의 할머니는 윤선도의 큰딸로, 윤두서는 재종동생인 심득경과 아주
절친한 사이였다. 심득경이 세상을 뜨자 그를 추모하여 초상화를 그렸는데,
마치 눈앞에 놓고 그린 것처럼 매우 사실적으로 표현되어 있다. 윤두서가 당대
인물을 주인공으로 해 남겨 둔 유일한 초상화로 알려진다.

심득경이 덜컥 세상을 뜨고 말았다.

윤두서는 슬픔을 억누르며 기억 속 그의 모습을 비단에 담았다. 평상복에 동파관을 쓰고 옥빛의 세조대로 허리를 동여맸으며 화려한 옥빛 가죽신을 신고 뒤꿈치를 살짝 들어 올린 듯한 자세였다.

물 위에 뜬 달같이 깨끗한 그 마음, 얼음같이 차고 맑은 그 덕성, 묻기를 좋아하고 힘써 실천하여 그 얼음을 확고히 했네. 그대가 나를 떠나가니 도를 잃어버린 지극한 슬픔. 이서가 글을 짓다.7

이서가 지은 찬시를 초상화 왼쪽에, 찬문은 오른쪽에 기록하였다. 그리고는 건장한 신체에 붉은 입술을 지닌 그의 초상화 〈정재처사심공진定齋處士沈公眞〉을 위안 삼으며 내딛는 발걸음에 힘을 실었다.

바로 다음 해엔 무고의 난으로 유배를 갔다 다시 관직에 올랐으나 곧바로 사직하고 낙향했던 남구만이 사망하였다. 해가 바뀌며 어머니의 임종도 지켰다.

"자네에게 너무나 큰 짐을 지어 준 것이 부끄러울 따름이네. 군주도 위정자들도 아닌 온갖 차별과 핍박 속에서도 묵묵히 살아가는 백성들을 위해 반드시 해야 할 일이라던 각오만은 결코 잊지 말아 주게나."

행여 힘에 부칠 때면 남구만의 유언을 되새김질하였다.

"산더미처럼 쌓인 서적과 자료에 파묻히다시피 몰두해 있는 종손을 볼라치면 패기 넘치고 충만한 표정에 내가 다 행복할 정도였습니다. 내 비록 종손 곁을 떠나지만 원하는 바 이룰 수 있기를 마음 다해 빌 것입니다."

편안히 눈 감던 어머니의 마지막 모습에 의지하여 지도 제작 마무리에 전력을 다하였다.

1712년 늦가을, 재동 집 서재에 모인 윤창서와 윤흥서 그리고 이서는 가로 2.4자 세로 3.7자 크기의 장지에 그려진 〈동국여지지도東國興地之圖〉에서 도무지 눈을 떼지 못했다. 상하좌우로 여러 번 접어 서책 크기로 만들 수 있도록 한 채색사본이었다.

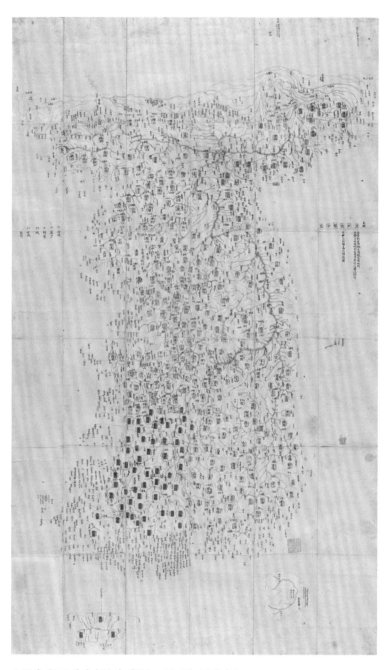

윤두서. 〈동국여지지도〉와 세부(pp.98-99). 18세기 초.

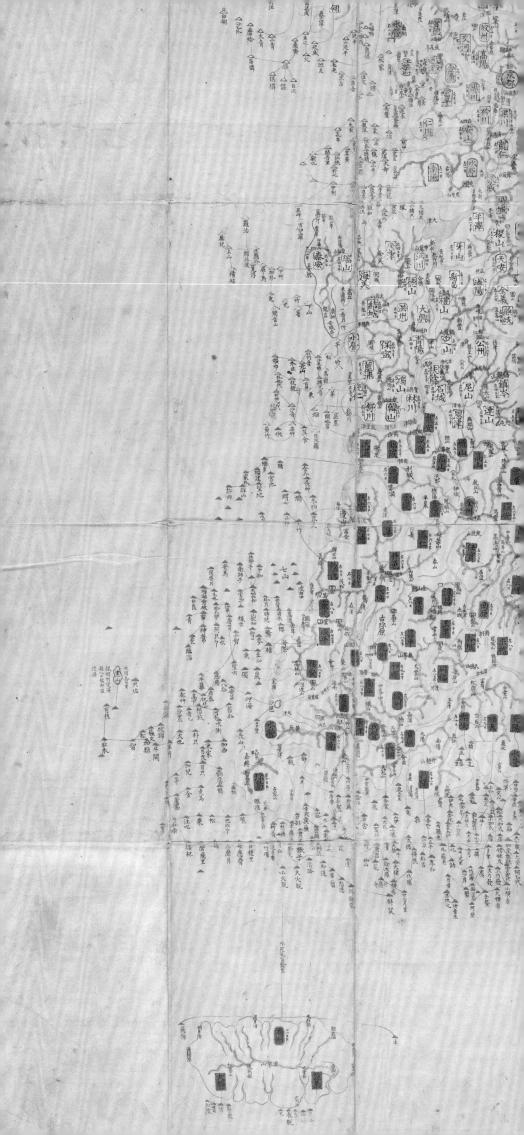

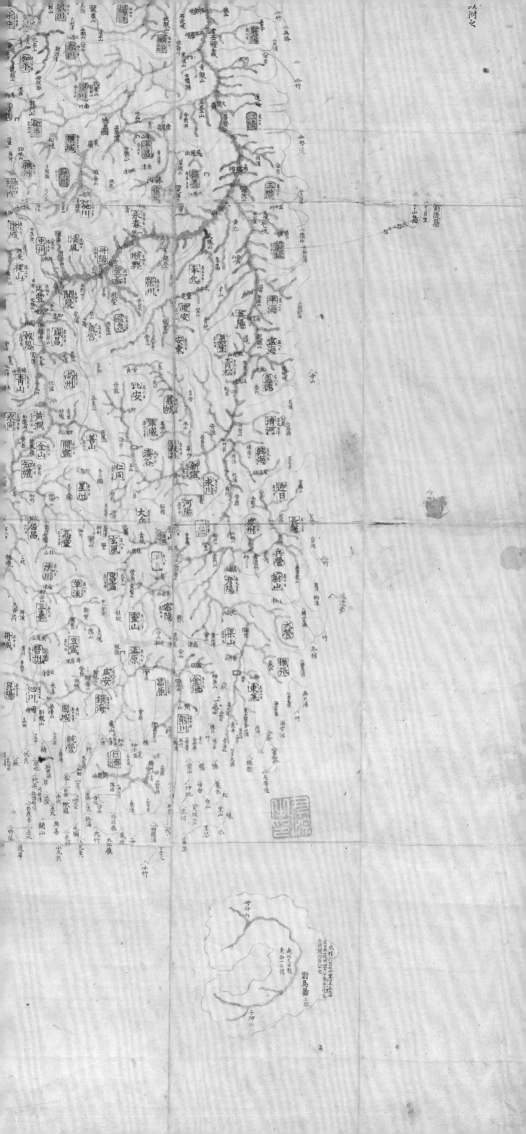

채색이 아름다운 데다 색의 농담을 이용하여 산맥의 흐름을 표현하는 등 회화적 표현이 수준급이었다. 행정구역에 따라 다른 색깔의 도형으로 구분하였으며 우산도와 울릉도, 제주도는 물론이고 대마도를 포함한 삼 면 바다를 옥색으로 채색했다.

한반도를 관통하는 백두대간의 흐름이 명확했으며 압록강과 두만강, 대동강, 한강, 영산강, 낙동강 등의 강줄기도 세세하고 뚜렷하게 표현되어 있었다.

지도 양 옆으로는 범례를 통해 군사요충지와 성, 고을 등을 도형과 기호로 세분화해 표기하였다. 주변의 크고 작은 섬들까지 그려져 있었으며 각 섬의 명칭도 빠뜨림이 없었다. 한양에서 각 부와 군, 현까지의 소요 시일 또한 상세히 기록되어 있었다.

도로와 해로는 적색과 황색 선으로 구분되었다. 도로는 크기에 따라 굵기를 달리 표시하였고, 각 섬들을 삼각형으로 기호화하면서 적색 선으로 연결함으로써 섬들의 소속 군현을 표시해 주었다.

동해 한가운데에 새겨진 우산도와 울릉도라는 글자가 또렷했다. 옥색 바다를 배경 삼아 나란히 선 모습이 정겨우면서도 당당했다. 전국 지도를 계획하고 마침내 완성한 윤두서의 의지를 빼닮아 있었다.

지도 상단의 오른쪽으로 백두산이 유독 강조되어 있었다. 천지를 둘러싼 봉우리들 아래쪽은 연푸른색을 칠한 반면 윗부분은 흰색으로 칠해 놓아 산이 깊고 높음을 실감케 했다. 연푸른빛을 띤 천지도 보였다.

백두산 바로 아래로 계비界碑*라는 표기가 또렷했으며 오른쪽 멀리로는 고려정계비인 선춘령계비도 표기되어 있었다. 지난 오월 청나라와 합의하여 백두산경계비를 세웠다는 소식이 전해지자 채비를 서둘러 또다시 백두산으로 향했을 만큼 북방 영토에도 관심이 지대한 윤두서였다.

지도 하단의 오른쪽에 그려진 대마도에는 섬의 동서 및 남북 간의 거리뿐 아니라 대마도에서 이키섬까지의 거리와 이키섬에서 아카마가세키赤間関**까지의 거리도 기록해 놓았을 만큼 일본 지리

---

* 숙종이 1712년(숙종 38년)에 세운 백두산정계비를 일컬음.
** 시모노세키下関의 옛 이름.

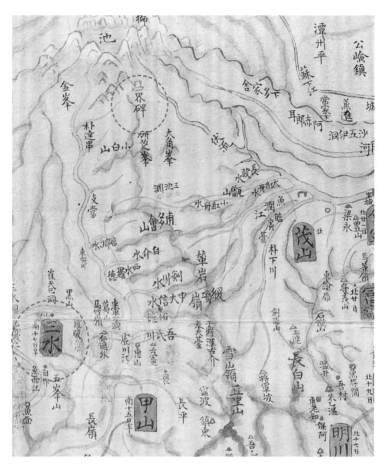

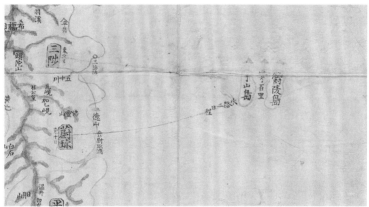

〈동국여지지도〉 세부.

이 지도에는 백두산정계비와 윤선도의 유배지 삼수가 표시되어 있다.(위) 한편,
우산도가 울릉도의 왼편에 그려졌는데(아래), 윤두서가 의도적으로 우산도를
안쪽으로 넣은 것이라는 견해도 있다. 18세기 중엽까지 대부분의 지도는 우산도와
울릉도 위치가 이렇듯 바뀌어 제작되었는데, 울릉도 탐사가 본격화되기 전이라는
설과 더불어 여러 설이 있다.

에도 학문이 높았다. 산 또한 지금껏 그래왔던 대로 천신산으로 표기하지 않고 북쪽 산은 모신산, 남쪽에 있는 산은 자신산으로 표기한 것도 일본 지리서에 능통한 덕분이었다.

"울진에서 울릉도로 건너갔다 그랬지. 그렇게 걸음을 시작한 지 어언…. 마침내 지도가 완성되니 감개가 무량하구나."

"백두산의 웅장한 모습이며 경계비를 보려니 가슴이 벅차오릅니다."

"백두대간 줄기 또한 이토록 생동감있게 표현되었을 줄 누가 알았겠습니까. 색의 농담에 따라 산줄기, 줄기의 느낌이 전혀 다를 수 있다는 게 놀라울 따름입니다. 게다가 산천이 흐르는 형세까지 세밀히 표현되어 마치 하늘 위에서 내려다보는 기분입니다."

"저야말로 전국 방방곡곡을 돌아다니며 우리나라를 왜 금수강산이라고 하는지 절감했습니다."

채색사본을 내려다보는 윤두서도 감회에 젖은 눈빛이었다.

"호오, 해남 땅이 이렇게 생겼단 말이지? 주변 섬만도 대체 몇 개인 게야? 남해며 서해 섬들도 모두 조사하고 다녔으니 아우의 정성이 보통이 아닌 게지."

"여기 기록해 놓은 걸 보니 흑산도에 닿으려면 바닷길만 구백 리가 넘는답니다."

"제주까지도 수로 구백여 리를 가야 한다고. 한라산 줄기가 힘차게도 뻗었네. 가만? 동래에서 대마도가 얼마나 가까운지 실감이 가는걸."

"동래에서 한양까지 열하루 길이었습니다. 그런 길을 임진년에 동래로 상륙한 왜구들이 스무날도 걸리지 않아 한양을 점령했으니, 그들의 야욕이 짐작되고도 남습니다. 우리가 그만큼 무력했다는 증거이기도 할 테고요."

"다른 지역은 말할 것도 없고 충청도나 경기도에도 만호며 첨사 따위가 참 허술하다 싶습니다. 이래서야 백성들이 어찌 마음 편히 살 수 있겠습니까."

지역 지역을 짚어 나가는 표정들이 진지했다.

"증조부께서 유배 가신 삼수가 여기렷다. 기록을 보면 한양에서 무려 열이레 넘는 길을 끌려가셔야 했다 하니 그 심정이 어떠했을지 짐작도 안 가는구먼."

"영변 위 운산은 옥동 아버님이 유배 가신 곳 아닙니까. 결국 돌아오시지도 못하고….."

"그래도 익이 아우를 얻을 수 있어 행복하셨을 겁니다."

북부 지역을 짚어 나갈 때는 너나없이 쓰라린 기억을 떠올리며 탄식을 쏟아냈다.

"잠이 형님께서 살아생전에 유독 아우를 귀히 여기셨지요. 오죽하면 익이 아우가 과거 급제의 뜻을 버리고 안산에 칩거하고 있을까요."

태생적으로 올곧고 강개한 성품의 이잠이었다. 그런 만큼 불의를 그냥 지나칠 수 없었을 뿐이련만 참혹한 고문 끝에 죽임을 당해야 했으니. 이잠을 잃은 상처는 여전히 심상할 리 없는 통증이었다.

"종서 아우인들 어찌 잊을 수 있을까요."

어느 결엔가 모두는 윤종서의 죽음을 떠올렸고 오랜 시간 말이 없었다. 통증을 삭이기엔 그렇듯 많은 시간이 필요했다.

얼마의 시간이 흘렀을까. 모두들 찻잔을 나누며 차분히 이야기를 이어 갔다.

"이제 귀향 준비를 해야지?"

윤흥서가 윤두서를 건너다보았다. 윤두서의 표정이 평온했다.

"개인 소장용이긴 합니다만 이 나라의 정보가 고스란히 담긴 지도인 만큼 주상께도 보일까 합니다. 그런 다음에 해야겠지요."

"하긴. 군사적으로 아주 요긴한 정보가 분명하거늘. 국제 정세가 워낙에 어수선한 터이니 영유권을 확고히 하는 데 더없이 귀한 자료가 될 게야. 경제나 행정 분야는 물론이고 백성들 삶에도 큰 도움이 될 테고."

"부디 그리되어야지요."

안용복 사건을 계기로 지도 제작을 계획했던 윤두서였다. 어부들이, 농부와 산일에 종사하는 이들이, 상인들이 마음 편히 생업에 종사할 수 있는 세상을 꿈꾸며 추진하였기에 지난한 과정들을 기꺼이 견디고 버텨내지 않았던가. 백성들 모두가 저마다의 일상을 보장받을 수 있다면 더 바랄 게 없었다.

"어쨌든 종손께서 마침내 귀향한다 생각하니 내가 다 설레는 걸."

"이사하는 대로 나도 해남에 들러 볼 생각이네."

윤홍서가 재차 찻잔을 채우자 이서도 따라 찻잔을 채웠다. 손짓이 푼푼했다.

○

1713년 새해가 밝았다. 윤두서의 알현에 경덕궁* 자정전 전각이 온통 흥분에 휩싸여 있었다.

"이것을 직접 만들었단 말이지!"

숙종은 〈동국여지지도〉를 지칠 줄 모르고 들여다보았다. 경이에 찬 옥음이 한껏 달떠 있었다. 승지와 내관들도 지역적 특성이 선명히 표현되었을 뿐 아니라 아름다운 채색과 정교한 필치가 돋보이는 지도를 힐긋거리며 탄성을 삼키기에 여념이 없었다.

"나라 밖 정세가 하 수상한 터에 이토록 요긴한 지도를 제작하다니! 정치적으로나 경제적인 면에서도 더할 나위가 없음이니…. 꿈인가 싶을 지경이네."

"우리나라의 영유권을 확고히 하고자 함입니다."

윤두서는 숙종이 흥분을 가라앉히기를 기다렸다.

홍 상선은 곁눈질로 윤두서를 살폈다. 내시부에서 오늘의 일정을 보고받던 중에 윤두서의 알현이 예정되었음을 알게 되었고, 일부러 시간을 만들어 걸음 한 참이었다.

'저이가 고산의 증손자렷다.' 위풍당당한 풍채에 의연함까지 겸비한 모습에 왠지 주눅이 들 것만 같았다. 홍 상선은 눈을 게슴츠레 떠 오래전 기억을 더듬었다.

주상이 왕위에 오르고 몇 넌 후였을까. 고산의 손자 윤이석이 효종의 어찰 다섯 폭과 예설 두 편을 진상하자 주상이 감격하여 그를 충청도 이산 현감으로 임명하였다. 그러면서 주상은 줄곧 장남 윤두서의 학식과 재능을 칭찬하였고 머잖은 날 꼭 볼 수 있기를 청하기까지 했었다. 그런데 얼마 후 경신환국으로 서인들이 정권을 장악하고 말았으니, 고산의 후손이라는 이유만으로 겪어야 했을 수난

* 지금의 경희궁.

104

이 어떠했을지 짐작이 가고도 남았다.

뒷배라곤 없는 자신이 내시부의 수장인 상선 자리까지 오를 수 있었던 건 간도 쓸개도 다 빼놓고 오로지 눈칫밥으로 연명했기에 가능했다는 걸 누군들 부정할 수 있을까. 그러니 삼십여 넌이 지나 마침내 보게 된 윤두서의 위풍당당한 모습에 배알이 꼴릴 수밖에 없었다.

'그런 거 보면 주상 전하도 참 복이 없으시지.' 홍 상선은 어느새 정좌를 하고 앉은 숙종에게로 시선을 옮겼다.

"이토록 귀한 지도를 제작할 수 있는 이가 자네 말고 또 있을까 싶네. 자네의 박학다식함 또한 모르는 이가 없지 않은가. 하여 이번 기회에 세자의 강학을 맡아주었으면 하네."

경서와 고서를 널리 꿰뚫고 있을 뿐 아니라 읽지 않은 책이 없으며 백가와 잡학에 이르기까지 두루 섭렵했지 않은가. 더욱이 권력이나 당쟁 따위에 일절 휘둘리는 일 없이 자신의 의지를 관철해 나가는 자세야말로 세자가 배워 마땅한 덕목임에 틀림이 없었다.

"황송하오나 전하의 뜻을 받들 수가 없겠나이다."

"그… 무슨….”

부러질 듯 단호한 대답에 숙종은 당장 호흡이 엉켜 버렸다.

"오래전부터 뜻한 바가 있사옵나이다."

관직에 뜻을 두었던 적이 단 한 번도 없었다. 무차별적인 당쟁의 폐해와 권력에 대한 혐오감으로 정계와는 철저히 거리를 유지한 지도 오래였다. 그럼에도 지금껏 한양 생활을 접지 못했던 것은 오로지 지도 제작을 위해서였거늘. 마침내 마무리되었으니 더는 미루는 일 없이 귀향하여 주민들과 어우러져 살고 싶었다.

"기대가 무척 컸건만. 뜻한 바가 무엇인지 알 수 없으나 혹여 마음이 바뀌거든 언제든 말하시게. 기대하고 있겠네."

"감히 한 말씀 드리면 탕평책을 펼치시는 줄 모르는 바 아니나, 주변 너머까지 두루 살펴보십사 청하옵나이다. 박학다식한 데다 국제 정세에도 밝은, 젊고 패기 넘치는 인재들이 결코 적지 않을 것이옵니다. 그이들이야말로 세자 저하의 강학에 적임자일 뿐 아니라 이 나라의 앞날에 무한한 힘으로 작용할 것을 믿어 의심치 않는 까닭이옵니다."

윤두서는 진심을 담아 머리를 조아렸다.

"그래, 그렇겠지. 그래야 하겠지."

그럼에도 숙종의 한숨소리에는 채 버리지 못한 아쉬움이 고스란히 묻어 있었다.

'저 지도도 온전히 자비를 들여 만들었다더니만 절로 굴러든 복을 제 발로 걷어 차? 대체 뭘 믿고 저토록 무례하게 구는 게야.' 홍 상선은 실속이라고는 차릴 줄 모르는 윤두서가 갑갑하기만 했다.

두 번의 시련

1696년 십이월이었다. 의금부 도사를 앞세운 나장 무리가 재동 집 서재를 에워쌌다.

"죄인 윤종서는 어명을 받드시오!"

도사의 고함소리가 쩌렁쩌렁했다. 울릉도와 우산도를 다녀온 후, 윤종서와 함께 지도에 필요한 문헌들을 살피고 있던 윤두서는 제 귀를 의심했다. 장본인인 윤종서도 영문을 몰라 했다.

윤두서는 문을 열어젖혔다.

"대체 무슨 일이오?"

"동궁을 비호하고 고관대작들을 음해한 죄를 물어 죄인 윤종서를 거제도로 유배토록 하라는 명이오."

"그거였어?"

비로소 이유를 알겠다는 듯 윤종서가 자리를 박차고 일어섰다. 꺼릴 것도 따질 것도 없다는 태도였다.

"무슨 일이 있으셨습니까?"

"어제 세자 저하의 입지를 언급하며 권신들의 횡포가 극에 달했음을 비판하는 상소를 올렸다네. 그것이 죗값을 물어야 하는 일이라면 기꺼이 받을 밖에."

"그게 무슨! 저잣거리만 나가도 소문이 파다하련만 어찌 진상 파악도 않고…."

비상식과 부조리를 수없이 겪어 온 윤두서였지만 도저히 수긍키 어려웠다. 여차하면 의금부 도사를 앞세워 궁으로 달려갈 기세였다.

"당화의 칼날이 어떠한지 익히 알면서도 직언을 서슴지 않은 충정을 헤아려야 할 것 아니오. 해명이라도 듣고 죄를 물어도 물어야 하는 게 순서거늘 사실여부를 확인하는 과정은 어찌 생략된 게요!"

"가만있으시게."

하지만 모든 걸 놓아 버린 듯 무심한 목소리에 윤두서는 주먹을 움켜쥔 채 간신히 울분을 삭였다.

"유별날 것 없는 상소 한 장에 이토록 유난을 떠는 걸 보면 우리를 난도질하려는 의도가 명징하지 않느냐. 일체의 과정을 생략한 채 서둘러 귀양 보내는 것만 봐도 짐작코도 남을 일, 아무리 피가 들끓는다 해도 절대 휘말려선 안 될 것이야."

의금부 도사가 당장 오라를 받으라 채근해댔다.

"아우만 믿으마."

어릴 적부터 유독 따르던 윤종서의 깊은 속을 모를 리 없건만 윤두서는 어떤 답도 할 수가 없었다. 윤종서가 무심한 웃음을 흘렸다.

"아버님 어머님이 늘 그리웠는데 가까이 갈 수 있게 되어 기쁘기 한량없구나."

갑술환국甲戌換局(숙종 20년) 이후 계파 간 갈등이 더욱 노골화될 것을 예견치 못한 바 아니었다. 그렇다 해도 당화의 칼날을 이토록 무지막지하게 휘둘러댈 줄이야. 오라에 묶인 채 끌려가는 윤종서를 바라보는 윤두서의 심사는 한밤중 별빛마저 사라진 들판을 헤매는 것만 같았다.

○

김춘택金春澤의 고변으로 도성 안이 발칵 뒤집히고 말았다.

풍수사 이영창이 금강산의 승려 운부와 십여 년 넘도록 잡히지 않는 도적의 괴수 장길산과 역모하여 한양을 공격하려 한다는 고변이었다. 조정은 그 당장 이영창을 체포하였고 행방이 묘연키만 한 장길산과 운부의 체포에도 총력을 기울였다. 각 지역의 관찰사와 병사 들에게도 엄명을 내렸을 뿐 아니라 현상금까지 내걸었지만 아무런 성과가 없었다.

느닷없이 윤두서가 의금부로 압송되었다. 윤창서와 사돈 이형징, 심득경의 부친 심단과 형 심득천도 함께였다. 이영창 무리에게 역모 자금을 제공했다는 혐의였다.

국문과 회유가 이어졌다. 특히 주모자로 지목된 윤두서에게 국

문이 집중되었지만 당화로 인한 모함인 줄 익히 알기에 기어코 버텨
냈다. 사지가 찢겨 나가는 듯 온몸이 피투성이일지언정, 사실이 아
닌 것을 자백할 수는 더더욱 없는 일이었다.

보름달이 휘영청 밝은 밤이었다.

"젠장, 저 혼자만 살아남겠단 말이렷다. 중놈 따윌 믿은 내가
병신이지."

독방에 갇힌 이영창은 구시렁거리길 멈출 줄 몰랐다.

조선왕조를 뒤엎고 새 왕조를 열자며 승려 운부와 의기투합했
던 날이 눈에 선했다. 내친김에 중국 중원까지 장악하고 말겠다며
호탕하게 웃어 젖혔던 운부였건만. 그런 주제에 역모가 들통나기 바
쁘게 대체 어디로 자취를 감춰 버렸는지 생각하면 할수록 부아가 치
밀어 올랐다. 제 머리통을 쥐어뜯어도 분이 풀릴 것 같지 않았다.

자화자찬도 주저하지 않았다.

"아니지, 아니지. 장길산이란 놈의 이름 석 자를 생각해낸 건
이 몸이 아니신가!"

신출귀몰하기로 소문이 자자한 장길산의 이름을 들먹인 건 순
전히 자신의 세력을 과시하려는 계산에서였다. 그런데 그 효과가 상
상을 초월할 정도인 줄 짐작도 못했다.

"파하, 코빼기도 본 적 없는 그놈 이름 석 자가 그리 엄청난 효
과를 가져올 줄 어찌 알았을꼬."

광대 출신이라고 했다. 민첩하기가 보통을 넘는 데다 용맹하기
가 백두산 호랑이를 능가하고도 남는다 했다. 얼마 전 평안도 운산
의 군기고를 털었고, 보병이 천 명이 넘고 오천의 기마병도 거느리
고 있어 당장 궁을 장악하고도 남을 거라 했다. 그렇듯 세 살배기 어
린애도 다 아는 사실을 떠벌렸을 뿐인데도 국문장을 채운 대신들 모
두가 허옇게 질려 버렸던 걸 생각하면 어깨가 절로 으쓱해졌다.

그때였다. 싸늘한 냉기가 목둘레를 휘감나 싶더니 몸뚱이가 불
쑥 허공으로 튀어 올랐다.

"어? 어어? 뭐야아?"

사지를 바동거리던 이영창의 눈에 날카롭게 쏘아보는 눈동자
가 와락 담겼다. 이영창은 한 팔로 제 목덜미를 움켜잡은 상대를 재
빨리 훑어보았다. 산만 한 덩치에 턱을 뒤덮은 수염이 쏟아질 듯 풍

성했다. 생전 처음 보는 얼굴이었다.

"누… 누 누구쇼?"

"나다."

"나라니, 대체 누구?"

"나라니까?"

얼굴이 좀 더 잘 보이게 장길산이 달빛 쪽으로 어깨를 틀어 주었다. 그래봤자 모르는 얼굴이었다.

"그… 그러니까 누구냐고!"

"하아! 누군지도 모르는 나하고 역모를 계획하였다?"

장길산은 목덜미를 움켜쥔 팔을 한껏 치세워 흔들어댔다. 허공에 뜬 몸뚱이가 바닥에 처박힐 듯 치솟았고, 천장에 부딪칠 듯 꼬꾸라지길 반복했다.

"허억!"

우레 같은 목소리에 머릿속이 다 얼얼한 것이, 이영창은 단말마의 비명을 내질렀다.

제아무리 신출귀몰하다 해도 도성 한가운데 위치한 의금부였다. 게다가 가장 경계가 삼엄한 독감옥을 대체 어떻게 들어올 수 있었는지 귀신이 곡할 노릇이었다.

"누구, 거 누구 없소?"

대번에 공포에 휩싸이고 만 이영창은 죽을힘을 다해 소리쳤다. 하지만 시도 때도 없이 들락거리던 나장 한 놈 코빼기도 비치지 않았다. 그제야 저들이라고 장길산의 손을 피할 순 없었을 거란 생각이 들었고, 결국 발악하듯 울부짖었다.

"야, 이놈들아! 다들 어디 뒈져 있는 게야?"

"괜한 데 힘 빼지 말자고."

장길산이 더더욱 목을 비틀었다. 비웃듯 쏘아보는 눈초리는 거칠고 날카롭기가 살얼음 조각 같았다. 이영창은 살아날 방도를 찾느라 잽싸게 머릿속을 굴렸다. 숨통이 조여 와 밭은기침이 마구 터져 나오는 것쯤 알 바 아니었다.

"살려, 제발 살려 주십쇼!"

"허락도 없이 내 이름을 끌어다 쓰던 배짱은 다 어디 갔을꼬?"

"이놈이 그만 눈이 뒤집혀, 죽을죄를 지었소. 목숨만, 아… 아니 이거라도 좀 놓아 주십쇼."

이영창은 허공에 달린 채 바동대는 팔을 간신히 구부려 목덜미를 가리켰다. 처절하다 못해 궁상맞은 눈꼬릴 짓는 것도 빼먹지 않았다. 장길산이 목덜미를 더더욱 거칠게 치세웠다. 그 바람에 천장에 부딪친 머리꼭지에서 핏덩이가 왈칵 쏟아져 내렸다. 워낙에 순식간에 벌어진 일이다 보니 통증을 느낄 겨를도 없었다.

"제발, 제발 살려… 목, 목숨만 제에발."

"목숨만 살려 달라? 그런데 이를 어쩐다? 내가 네놈을 살려 준다 해도 부하들이 가만두지 않겠노라고 벼르고 있거든. 아무런 상관도 없는 내 이름을 들먹이는 통에 다들 성이 날 대로 나 있어서 말이지. 감방을 나서는 순간 네놈 목숨은 어느 누구도 장담할 수 없을 것이야. 아니, 아니지. 감방 안이라 한들 목숨을 장담할 수 있을지 의심스럽구먼."

"부디, 제발…."

이영창은 공포를 넘어 오줌을 질질 흘리는 줄도 모르는 상태가 되고 말았다. 그런데도 장길산의 눈초리엔 한 치 흔들림이 없었다.

"내가 네놈을 굳이 찾아온 건 꼭 들었으면 하는 얘기가 있어서거든."

"뭐든 말… 말씀만 하십쇼."

목숨을 저당 잡힌 주제에 숨길 게 무에 있을까. 이영창은 그저 될 대로 되라는 심정이었다.

"날 들먹인 걸로도 모자라 이번 역모에 자금을 대 준 이들이 윤두서 나리와 친인척들이라 떠벌렸다고? 그 나리들을 알고 있긴 한 게야? 혹 딴 속셈이 있던 건 아니고?"

"윤두고 심단이고 나 따위가 어찌 알겠소. 말쑥하게 차려입은 어떤 양반네가 은밀히 찾아와서는 그이들이 역모 자금을 대 준 걸 인정만 하면 죗값을 덜어 주마고 꼬드기지 뭐요. 에라, 싶어 얼른 시키는 대로 했던 거요."

"역시, 역시구먼."

장길산이 한참을 고개만 주억이더니 운을 뗐다. 표정도 음성도 단호했다.

"이제라도 그 말도 안 되는 모함이야말로 무고였음을 실토하렷다. 그리되면 내 이름을 함부로 갖다 쓴 네놈 목숨 값으로 치고 부하들 누구도 네놈을 해코지 못하게 조치해 줄 것이야."

"진, 진정이쇼?"

이게 웬 떡이냐 싶어 이영창은 눈알을 희번덕거렸다.

"믿든 말든 알아서 하고."

"근데 말입죠. 혹시, 행여라도 날 꼬드겨댔던 양반네의 후환이 있으면 어쩌죠?"

"네놈이 벌려 놓은 일이니 그 또한 알아서 할 일이고."

"아니 내 말은, 그러니까….."

"예서 당장 내 손에 죽든가."

장길산이 내던지다시피 이영창의 머리통을 벽으로 밀어붙였다. 거칠고 날카로운 눈빛에 불꽃이 튀는 것만 같았다. 일말의 동정심도, 타협도 기대할 수 없다는 걸 알아챈 이영창은 터져 나오는 신음을 씹어 삼켰다. 하긴 잔악한 도적 패거리에게 대책 없이 죽임을 당하느니 조정 대신들의 선처를 구걸하는 편이 낫지 싶었다.

"아, 알겠소."

"네놈이 하는 꼴을 지켜볼 것이다."

광대 노릇으론 밥 한 끼 챙겨 먹기도 힘든 세상이었다. 결국 도적패가 되고 만 장길산으로선 위정자들의 밥그릇 싸움이라면 넌더리가 났다. 그러다 보니 듣도 보도 못한 이영창이란 놈의 사건에 자신의 이름 석 자가 얽혀 있다는 걸 알았을 때도 강 건너 불구경하듯 무심할 수 있었다. 그런데 역모 자금을 제공한 죄로 윤두서와 친인척들이 의금부로 압송되었다는 소식이 들려오니, 더는 모르쇠로 일관할 수가 없었다. 어린 나이임에도 그토록 사리분별이 확실했던 이가 역모 따위에 가담할 리 없다는 믿음이었다. 더욱이 천하디천한 자신들에게 자비를 베풀어 주었던 이거늘. 그 은혜에 보답키 위해서라도 당화의 희생양이 되도록 두고 볼 수만은 없었다. 그랬기에 자신을 찾는 데 혈안이 된 줄 뻔히 알면서도 의금부 깊숙한 곳까지 잠입을 감행하였고, 이영창에게 자신을 모함한 목숨 값으로 진실 규명을 요구할 수 있었다.

"그럼요. 그렇고말굽쇼."

이영창이 연신 턱짓을 해댔다. 장길산은 그제야 틀어잡았던 목덜미를 놓고, 기척도 없이 옥을 빠져나갔다. 휘영한 달빛만이 바닥에 내팽개쳐진 이영창을 기웃거렸다.

이형징과 윤창서는 통로 쪽 횃불에 의지해 윤두서를 살폈다.

밤낮도 잊은 채 이어진 국문으로 혼절했다 간신히 정신이 든 윤두서였다. 아침녘 국문장으로 끌려 나간 심단 부자는 아직 돌아오지 못하고 있었다.

만신창이 된 몸을 추스르려 안간힘을 쓰는 윤두서를 보며 이형징과 윤창서는 한숨을 감추지 못했다. 바라지창도 없는 좁고 습한 방이어서일까. 한숨마저 바닥에 둘러붙을 것만 같았다.

"권력이란 권력은 죄다 거머쥐었으면서 대체 뭐가 아쉬워 이런 말도 안 되는 모함을 벌이는 건지. 정녕 한숨밖에 나오질 않으이."

"종서 아우 일로도 꿈쩍들을 안하니 어떻게든 우리를 난도질해 대려는 속셈이련만. 그렇다고 저들 좋으라고 없는 얘길 지어낼 수도 없으니 난감합니다. 이러다 누구든 돌이킬 수 없는 지경이 돼 버리는 건 아닌지 우려스럽습니다."

"그러게 말일세. 윤 서방마저 저리 된 걸 보면…."

어찌 윤두서뿐일까. 연이은 국문 탓에 온몸이 피고름투성이에 뼈마디마디 성한 곳이 하나 없었다. 죽음의 문턱을 넘나든 게 몇 번인지 셀 수도 없었다.

"제 걱정은 마십시오."

윤두서는 간신히 벽으로 기대앉았다. 둘을 안심시키려는 뜻이었다. 그때였다. 통로 쪽 횃불이 흔들리는가 싶더니 문살 너머에 우뚝 선 장길산이 눈에 들어왔다.

영문을 몰라 어리둥절해 있는 사이, 비로소 윤두서를 확인한 장길산이 바닥으로 넙죽 엎드렸다.

윤두서는 뇌리 깊숙한 곳에 자리한 어릴 적 기억 가닥을 떠올렸다. 다들 끼니는 챙겨야지 않겠냐는 말에 거듭 큰절을 올리던 모가비 모습이 눈에 선했다. 저희 같은 천한 것들에게 베풀어 주신 은혜 결코 잊지 않을 거라던 흐느낌이 귓가를 맴도는 것도 같았다.

얼결처럼 잔뜩 옹그린 어깨로 눈길이 갔다. 들썩임이 보이는 듯했다.

광대 출신이면서 구월산을 근거지로 활약하는 도둑패의 우두머리라고 했다. 날래고 사납기가 견줄 데가 없을 정도인 데다 십 년이 넘도록 도무지 잡히질 않는다고도 했다. 얼마 전엔 농민군의 봉기를 주도했으며 이영창과 함께 이번 역모를 꾀하였다 했다. 그렇듯 무수히 사람들 입에 오르내리던 장길산이 기억 속 모가비가 아닐지…. 그런 그가 일부러 예까지 찾아왔을 때는 분명 그만한 이유가 있을 거라 믿으며 윤두서는 무엇 하나 물으려 하지 않았다.

장길산이 아주 잠깐 윤두서를 우러러보았다. 그리고 일체의 머뭇거림도 없이 옥을 빠져나갔다.

다시는 그를 볼 수 없을 것을 예감하며, 윤두서는 부디 그가 자신이 꿈꾸던 삶을 살아갈 수 있기를 마음 다해 빌었다. 익살과 해학으로 세상을 호령하는 광대여도 좋았다. 재인촌에 머물며 광대놀음을 전수하는 것도 나쁘지 않을 터였다. 이형징과 윤창서도 참견을 삼간 채 장길산이 사라진 문살 너머를 속절없이 건너다보았다.

이후로 장길산은 더 이상 세상에 모습을 드러내지 않았다. 진즉에 체포되어 비밀리에 죽임을 당했다느니, 깊은 산중에 은거하며 산신들을 호령하고 있다느니, 거상이 되어 외국을 드나들고 있다느니, 온갖 소문만 무성했다.

○

얼마 지나지 않아 윤두서를 비롯한 모두를 석방하라는 엄명이 있었다.

역모 연루 자체가 노론인 김춘택의 모함이었음이 밝혀진 까닭이었다. 그러고는 장길산과 운부는 잡지도 못한 채 풍수사 이영창만 장살시키는 것으로 사건을 서둘러 마무리 지었다.

비록 무고가 밝혀져 화는 면했지만 윤두서는 자신의 의지와 무관하게 언제든 정쟁에 휘말릴 수 있다는 위기감을 떨쳐낼 수 없었다. 그런데 한 달 남짓 지났을까. 거제도에 유배되었던 윤종서가 한양으로 소환되어 국문을 받던 중 사망하고 말았다.

의금부는 중죄인의 시신을 절대 가족들에게 넘겨줄 수 없다며 버텼다. 아무리 항의해도 들은 척하지 않았다. 애걸을 해도 소용없었다.

보름이 지나서야 간신히 시신을 거둘 수 있었던 윤두서는 무차별적인 당쟁의 폐해에 치가 떨렸다.

풀은 무성하고 영지는 빼어나

깊은 산에는 따로 봄이 있네.
중원中原은 비바람이 몰아치는 밤이니
이곳은 몸을 숨기기 좋구나.
효언*8

사슴과 영지를 섬세한 필묘로 그려낸 수묵화〈심산지록도深山芝鹿圖〉
에 자신의 심경을 풀어놓는 한편 지지도 제작에도 심혈을 기울였다.
온갖 차별과 핍박 속에서도 자신에게 주어진 역할에 열과 성을 다하
는 백성들을 떠올리노라면, 한숨도 눈물도 사치일 뿐이었다.

---

* 孝彦, 윤두서의 자字.

채권 더미를 불사르다

1697년, 윤종서의 죽음이 있고 얼마 후였다.

이른 아침부터 윤두서는 문안 인사를 위해 어머니 방을 찾았다.

진즉에 아침 단장을 마친 어머니가 보료에 기대앉아 있었다. 일흔 중반의 나이가 믿기지 않을 만큼 단아한 모습이었다. 바로 옆으로 윤덕희도 보였다. 틈이 날 때마다 할머니의 건강을 살피고 말벗도 되어 주고 있었다.

아침 문안을 마친 윤두서는 고개를 조아려 아뢰었다.

"한동안 집을 비울까 합니다."

"해남에 다녀온다 했지요."

"네. 곡물 매매와 관련한 일정도 있고 종중에 정리할 것들이 많을 듯합니다. 개간한 죽도 농지와 관련해 작은아버님과 상의해야 할 것들도 있고요."

한양에 기거하면서부터 지금껏 한 해 거르는 일 없이 해남에서 생산한 곡물의 매매를 중개해 주고 있었다. 그 덕분에 농민들은 자신들이 수확한 농산물을 제값에 팔 수 있었으며 수확량 증산과 품질 개량에도 관심을 기울였다.

"업무도 업무지만, 이번 길이 종손의 마음을 풍요롭게 채워 줄 수 있으면 더 바랄 게 없겠습니다."

윤종서의 사망 이후 상실감을 떨쳐내지 못하고 있는 윤두서였다. 오죽하면 수명이 다한 줄 알면서도 해마가 죽자, 그의 유일한 새끼인 해무 곁을 도무지 떠나려 하지 않았을까. 그런 만큼 이번 여정이 골 깊은 상실감을 떨쳐 버릴 수 있는 계기가 되길 바랄 뿐이었다.

"어머님도 건강 잘 챙기셔야 합니다."

"종부께서 어련히 알아서 챙겨 줄까요. 아니 그러냐?"

그런 걱정일랑 말라며 어머니가 윤덕희와 눈을 맞췄다.

윤두서의 둘째 아내 명아는 의금부 도사 이형징의 친딸로, 천

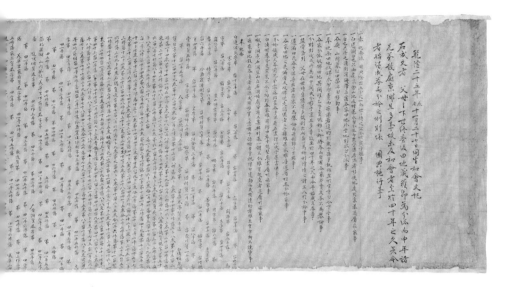

「윤덕희동생화회문기尹德熙同生和會文記」. 1760년.

윤두서가 윤덕희를 비롯한 열두 남매에게 재산을 분배한 사실을 기록한 문서.
17-18세기 해남윤씨의 종법 질서와 재산 경영 규모를 짐작할 수 있다.

성이 맑고 올곧았으며 재능이 뛰어나 숙부 이형상이 양녀로 삼았다. 이형상은 아낄 것도 가릴 것도 없이 가르쳤고, 하나를 배우면 열을 깨우칠 만큼 뛰어난 명아의 총기를 누구보다도 아껴 주었다. 반드시 좋은 배필을 구해 혼인시키려 하였는데 윤두서가 품은 뜻이 보통이 아님을 보고는 혼인을 허락하였다.

명아는 시부모를 모시는 데 정성을 다하였다. 윤두서에 대한 사랑에 한 치 부족함이 없었으며 첫째 아내가 낳은 아이들도 진심을 다해 챙기고 살펴 주었다. 친척들은 제가 낳은 자식이라도 저렇듯 지극정성일 수는 없을 거라고 입을 모았다. 자녀들을 가르치는 일에도 손님을 접대하는 일에도 무엇 하나 모자라지도, 넘치지도 않았다.

윤덕희가 가슴을 한껏 젖혀 보였다. 어깨가 듬직했다.

"저도 있으니 걱정 놓으십시오."

"믿으마."

"그리고…."

윤두서가 자리를 뜨려 하자 어머니가 주춤, 숨을 삼켰다.

"말씀하십시오."

"종손께 이런 부탁을 해도 될까 싶긴 합니다만, 요 몇 년 새 종가 살림이 여의치가 않은 건 잘 아실 테고. 이번에 가거든 오래된 채권들을 정리해 주었으면 합니다."

그제야 어머니가 보료 옆쪽에 챙겨 두었던 채권 문서들을 가리켰다. 더미 두께가 상당했다.

재산 불리는 일에는 무심한 윤두서였다. 다른 이의 급함을 살피고 곤궁함을 돌보는 일을 허투루 할 줄 모르다 보니 자연스레 재물이 줄어들 수밖에 없었다. 죽도 간척 비용 마련을 위해 회동 집을 정리하고 재동으로 이사했지만 기우는 가세를 따라잡기에는 역부족이었다.

"제가 부족한 탓입니다."

윤두서는 채권 더미를 심상히 건너다보았다.

해남에 닿은 윤두서는 백련동 종가에 머물며 종중의 대소사를 조율하였다. 농민들과 자리를 함께해 곡물 매매와 관련한 정보를 협의하였고 윤이후와 죽도의 개간농지를 둘러보며 방축 건설을 비롯한 앞

으로의 계획을 논의하는 한편, 윤종서에 대한 기억을 나누며 아픔과
슬픔을 다독거렸다. 하지만 윤이후의 부쩍 쇠약해진 모습에 가슴이
저려 오는 건 어쩔 수가 없었다.

빠듯한 일정을 핑계 삼아 미뤄 두었던 채권 회수를 더는 늦출
수 없어 작정하고 빚진 이들을 찾아 나선 날이었다. 두륜산 자락에
위치한 마을이었다.

"해무에게 마실 물 좀 주어라. 너도 좀 쉬고."

마을 어귀를 가로지른 개울이 보이자 윤두서는 종복에게 해무
를 맡기고는 혼자 걸음을 내딛었다.

초가지붕들이 띄엄띄엄 자리한 초입 길가에 사내아이들 여럿
이 쪼그려 앉아 있는 게 보였다. 너나없이 아랫도리만 겨우 가린 벌
거숭이였고 이마며 목과 어깻죽지에 땟물이 줄줄 흘렀다. 밭두렁을
따라 놓아 둔 호박덩이를 뚫어져라 쳐다보는 모습들이 추레했다. 손
가락을 쪽쪽 빠는 아이도 있었다.

"저거 삶아 먹으면 진짜 맛있겠다, 그치? 생 걸로 먹어도 좋고!"

"그니까 한 개만, 딱 한 개만 슬쩍하면 안 될까?"

"꿈 깨시지! 울 할아버지가 절대 남의 물건에 손대면 안 됐댔거
든. 도둑놈만큼 나쁜 놈은 세상에 없댔어."

"맞아, 맞아."

윤두서가 가까이 다가가도 모르는 눈치였다. 헛기침으로 기척
을 낸 윤두서가 물었다.

"애들아, 뭐 하나 묻자꾸나."

허리를 삐뚜름 세워 윤두서를 위로 아래로 훑어대던 아이들이
풍채에 놀랐는지 어깨를 옹크렸다.

"황 영감네가 어딘지 혹 아느냐?"

"어? 울 할아버지가 황 영감인데?"

"우리 집 찾으세요?"

절대 남의 물건에 손대면 안된다 했던 아이가 자리를 박차고
일어섰다. 바로 옆 아이도 따라 일어섰다. 두 아이 모두 얼굴이며 몸
곳곳에 화상 자국이 선명했다.

"잘 되었다. 나하고 함께 가보자꾸나."

"저 위로 쭉 가면 되거든요."

아이 둘은 고개를 갸웃거리면서도 윤두서를 고샅길로 이끌었다.

"디게 높으신 사람 같은데⋯. 근데 이런 델 어쩐 일이래?"

"설마 황 할아버지 잡으러 온 건 아니겠지?"

다른 아이들은 윤두서의 뒷모습을 눈으로 좇으며 뒷머리만 벅벅 긁어댔다.

윤두서는 울타리조차 없이, 곳곳이 그을음으로 얼룩진 집을 휘둘러보았다. 잔뜩 기운 초가지붕에 깨지고 부서진 진흙 벽과 틀어질 대로 틀어진 문짝들이 오는 길에 들렀던 다른 마을, 다른 집들과 별반 다르지 않았다.

바람벽에 붙어 앉아 있던 꼬마 둘이 대뜸 한 아이의 허리춤을 붙들고 늘어졌다.

"형아, 배고파 죽겠단 말야."

"나두!"

"잠깐 좀 있어 볼래?"

아이가 눈을 끔벅이더니 비스듬 열려 있는 방문 쪽으로 목을 늘였다.

"할아버지! 누가 찾아오셨어요. 얼른 나와 보세요."

"어디서⋯."

아이의 외침을 들었는지 초췌한 모습의 노인이 문틈으로 고개만 겨우 내밀었다.

"백련동 종가에서 왔네."

"아이쿠, 이런!"

그제야 노인이 기다시피 방을 빠져나와 땅바닥에 넙죽 엎드렸다. 병색이 짙은 얼굴에 헤지고 꿰맨 자국투성이의 옷차림이었다.

"귀하디귀한 종손 나리께서 이리 누추한 곳까지 걸음을 하시니 몸 둘 바를 모르겠습니다."

"많이 아픈 모양이구먼."

"나이가 나이인지라 허구한 날 이 모양이지요, 뭐."

"아이들 부모는 어째 아니 보이는가?"

"두 해 전인가요. 한밤중 느닷없이 불이 나는 통에 내외가 함께 저세상으로 가고 말았습니다. 아무짝에도 쓸모없는 늙은이하고 어린 저것들만 겨우 목숨을 구했지요."

"그랬구먼."

그대로 발길을 돌리고만 싶은 마음을 애써 누르며 윤두서는 아이의 허리춤에 바짝 붙어선 꼬마들을 건너다보았다. 그들 역시 화상 자국으로 얼룩진 얼굴이었다. 윤두서는 한참을 고개만 주억거렸다.

"하온데 이리 누추한 곳까지 걸음하신 이유가 혹…."

한참이 지나도록 도무지 다음 말이 없자, 노인이 곁눈질로 윤두서 표정을 살폈다.

"저것들 간수하기도 빠듯하다 보니 염치없게시리 오래전에 종가에서 빌렸던 돈도 통 갚지 못하고 있으니 입이 열 개라도 할 말이 없습니다. 하온데 조금만 더 시간을 주시면 하늘이 두 쪽이 나는 한이 있어도 꼭, 꼭, 갚을 것이옵니다."

기어이 예까지 걸음을 한 이유를 눈치챘을까. 윤두서의 표정을 살피던 노인이 땅바닥에 머리를 처박고는 읍소하였다. 아이들도 덩달아 바닥에 엎드려 울먹거렸다.

"나으리! 울 할아버지 잡아가지 마세요."

"앞으론 절대 꾀 안 부리고 산나물이랑 약초 캐러 다닐게요. 제발 제에발 살려 주세요."

"대신 절 잡아가면 안 돼요? 네?"

이곳에 오는 길에 들렀던 마을과 사람들 모습이 윤두서의 머릿속을 헤집었다. 제아무리 아등바등거려도 가난에 찌든 삶을 어쩌지 못하는 것이, 판박이처럼 닮아 있었다. 그런데도 내 것을 챙기겠다고 저들의 삶을 송두리째 뒤흔들 순 없지 않은가. 머릿속을 차지한 사람들을 기꺼이 품어 안은 음성이 단호했다.

"이런, 자네에게 돈 빌려준 기억이 없는걸?"

"예에?"

무슨 소린가 싶어 노인이 멍하니 윤두서를 올려다보았다. 아이들도 엉거주춤, 노인과 윤두서를 번갈아보기에 바빴다. 윤두서는 고개를 크게 주억이는 것으로 대답을 대신하였다.

"종손 나리!"

그제야 꺼억, 꺼억, 목 놓아 우는 노인의 등허리가 마구잡이로 들썩거렸다. 놀란 아이들이 할아버지의 등짝에 매달리며 울어댔고, 맏이인 듯한 아이는 나리의 은혜를 절대 잊지 못할 거라며 연신 큰 절을 해댔다.

횡허케 고샅길을 되밟아 내려오는 윤두서의 걸음이 허청거렸다. 백련동으로 돌아온 윤두서는 품에 넘치는 채권 더미를 사랑채 뒷마

당에 쌓아 둔 채 미련 없이 불살라 버렸다. 어머니의 질책이나 원망도 기꺼이 감내해낼 각오였다.

비복들은 이러지도 저러지도 못하고 쩔쩔맸다. 더러는 물 항아리를 챙겨 오랴 바가지를 챙겨 나오랴 분주했다. 하지만 윤두서의 너무도 엄숙한 표정에 놀라 뒷걸음질 칠 수밖에 없었다.

채권 문서와 함께 빚진 이들의 눈물이 연기를 타고 하늘가로 흩어졌다. 한숨과 절망이 산산이 흩어졌다.

소식을 들은 주민들은 백련동 종택을 향해 몇 번이고 큰절을 올렸다. 감격에 겨워 흐느껴 우는 이들도 많았다.

시대를 앞선 노비관

1699년, 생부이자 작은아버지 윤이후가 세상을 뜨자 마음을 추스르며 종가의 자산과 노비 상황을 점검해 가던 어느 날이었다. 이른 아침 종복 위상이 사랑방 윗목에 엎드려 아뢰었다.

"저를 찾으셨습니까."

"가까이 오너라."

"에고, 어찌 감히."

"허면 내가 그리로 갈거나?"

거리낌 없는 농에 위상이 진둥한둥 무릎걸음을 했다. 평소에도 윤두서는 나이가 어리고 천한 종이라 해도 이놈, 저놈 부르지 않고 반드시 이름을 불러 주었다. 혹 잘못을 저지른 경우에도 함부로 꾸짖는 일이 없었다.

"얼마 전 홍렬이 세상을 뜨지 않았느냐."

"워낙에 연로한 터였습니다."

위상의 조부인 홍렬은 증조부 때부터 종가 일을 돌보던 종복으로, 집안의 중요한 송사나 매매를 앞장서 진행하는 등 집사 역할을 수행했다. 증조부 사후에는 조부를 대신하여 토지 입안을 정리했을 만큼 집안의 사정과 내력을 세세히 파악하고 있었으며 한문과 행정에도 능통한 식견을 갖추고 있었다.

"종친 일부에서 홍렬이 살아생전에 모은 재산을 전부 거두려는 논의가 있었다고."

"가노가 죽으면 그 자손들 재산까지 거두는 것이 오랜 관습이라 들었습니다."

할아버지가 평생을 가노로 일하면서 먹지도 입지도 않고 악착스레 재산을 모은 데는 자손들이 조금이나마 편히 살기를 바라는 마음이었을 것이다. 그런 것을 관습이라는 이유로 모조리 빼앗아 가는 게 위상은 도무지 납득이 가지 않았다. 그렇다고 어디다 호소해 볼

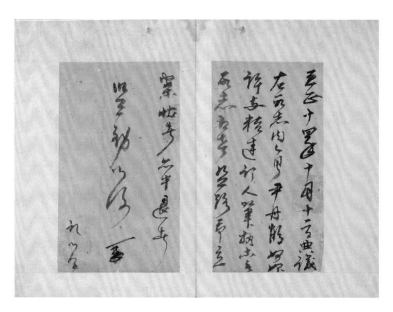

윤광전尹光琠. 「지정 14년 노비문서」. 1354년.

중시조 윤광전이 아들 윤단학尹丹鶴에게 노비를 물려주는 내용으로, 고려시대 노비의 양여讓與와 입안立案 절차를 보여준다. 집안의 가장 오래된 문서로 사백여 년을 전해져 오며 크게 훼손된 것을 1755년 윤덕희가 장첩해 『전가고적傳家古跡』이라는 표제를 붙였다.

처지도 아니다 보니 벙어리 냉가슴 앓듯 따르는 수밖에 도리가 없었다.

"관습적으로 그런 일이 있어 왔다지만 법전 어디에도 가노 재산을 주인의 것으로 등록해야 한다는 규정 따윈 없구나. 가노의 재산은 그의 자손들에게 물려줘야 마땅하지 않겠느냐. 종손인 내가 홍렬이 생전에 모은 재산을 거두는 일은 결코 없도록 할 것이다. 약속하마."

주인과 노비는 경제적 관계라는 것이 윤두서의 지론이었다. 즉, 노비는 자신의 노동력을 제공하고 주인은 그에 상응하는 대가를 지불하는 관계이지 결코 종속적 관계가 아니라는 주장이었다.

"에에?"

당장 내놓으라고 하는 건 아닐까, 눈치만 살피던 위상은 벌어진 입을 다물지 못했다. 윤두서는 미리 준비한 문서를 위상에게 건넸다.

"그럼에도 불구하고 훗날에라도 혹여 잡음이 있거든 내가 써준 문서를 증거로 삼거라."

옛 사람은 개를 묻기 위해 헤진 휘장을 버리지 않았고, 말을 묻기 위해 헤진 가리개를 버리지 않았다. 어진 사람은 사물에 대해서, 비록 개와 말일지라도 그 어짊과 사랑을 다하였다. 하물며 사람에게서랴? 기상記上하는 법은 더욱 더 말할 것이 못 된다. 살아서는 부리고 죽어서는 그 재산을 빼앗으니, 어찌 차마 어진 사람이 할 바이겠는가? 하물며 법전에도 없는 것임에랴? 나는 너의 할아버지에 대해서 죽은 뒤에도 사적으로 털끝만큼도 기상하지 않을 것이니, 너희들은 마땅히 이 문건을 가지고 훗날 증좌로 삼도록 해라.9

노비의 토지를 상전인 주인의 것으로 등록하는 것을 기상記上(긔上)이라고 하였다. 이렇게 등록된 토지를 기상전답이라고 하였는데 윤두서는 이런 관행의 부당함을 지적하며 일침을 가하였다.

"종손 어른!"

위상은 가노에 불과한 처지면서도 종가 일을 제 일처럼 살피던 할아버지가 비로소 이해되었다.

"잘 간직하려무나."

"그럼요. 그리할 것입니다."

자신 또한 죽는 날까지 종가 일에 성심을 다하리라 다짐하며 윤두서가 써 준 문서를 가슴팍에 품었다. 온기가 느껴졌다.

○

이듬해 윤두서는 「예절전禮節傳」을 지어 노비제도가 갖는 문제점을 지적하였다.

무릇 종이란 다른 사람이 부리는 자이다. 천하고 무식한 사람이라 의리로써 책망하지 않는다. 비록 그렇지만 중국의 종은 그 자신에게서 그치지만 우리나라의 종은 대대로 부역을 한다. 대대로 부역을 하니 세신世臣의 의리가 있는 셈이다. 비록 그렇지만 대저 세신은 나라가 존재하면 함께 존재하고 나라가 망하면 함께 망하니, 위급하면 지탱하고 넘어지면 부축한다. 나라를 자신처럼 보아서 가족이 있는 줄을 알지 못한다. 세신의 의리는 사대부들도 간혹 알지 못하는데, 종에게서 어찌 다른 사람을 위해 종노릇 하면서 능히 도를 다하는 자가 있겠는가? 나는 고청자高淸子에게서 그것을 보았다. 비록 그렇지만 서자徐子와 같은 자는 궁리와 수신의 학문을 배운 자이니, 이 어찌 족히 가릴 수 있었겠는가? 나는 예절의 일에서도 특별히 기이하게 여긴다. 내가 들으니 예절은 현씨를 섬겼는데, 현씨 부부가 죽자 그 고아를 길렀다. 두 마음을 가져 힘을 다하지 않을까 염려하였다. 그 지아비를 물리쳐 보내니, 여자로서 그 지아비를 물리쳐 불순하다는 의심을 받았다. 그러나 그 마음으로써 따져보면 그 지아비를 거스름이 있지 않았다. 처첩을 사랑하여 의리를 잃은 대장부에 비하면 어떠한가? 예절은 고아를 가르침에 스승을 찾아 나아가 배우게 하였다. 매질하여 경계하고 고기를 품어 권면하였으니, 매질하여 경계한 것은 이윤의 뜻이고 고기를 품어 권면한 것은 사일

128

윤두서의 문집 『기졸記拙』에 실린 「선우록제사善遇錄題辭」. 18세기 초.

윤두서는 자손들에게 노복 역시 한 인간으로서 존중할 것을 늘 당부하고 가르쳤다.
악법과 폐습을 개혁하려 했던 진취적인 면모와 어진 성품을 이해할 수 있다.

의 마음이다. … 예절 같은 사람은 여자이지만 대장부요,
계집종이나 사대부라 이를 만하다.**10**

중국과는 달리 노예들이 대를 이어 복역하고 있는 현실을 지적하고
비판하면서 실존 인물인 계집종 예절의 삶을 소상히 소개하였다.

예절은 상전인 현씨를 모셨는데 그들 부부가 죽자 자식들을 거
두어 길렀다. 만에 하나라도 자신이 두 마음을 품어 제대로 기르지
못하게 될까 염려하여 남편마저 물리쳤다. 사람들은 남편을 물리쳤
다는 이유만으로 예절을 불순하다고 의심하였지만 예절은 개의치
않았다. 되레 고아들에게 스승을 찾아 주어 배우도록 하였다. 매질
로 경계하였고 고기를 챙겨 먹었다.

윤두서는 "예절 같은 사람은 여자이지만 대장부요, 계집종이나
사대부라 이를 만하다"며 예절의 현명함과 어짊, 의로움을 칭송하
는 동시에 처첩에 빠져 의리를 잃은 사대부들에게 일침을 가하였다.

육 년 후에는 노비를 사람의 자식으로 잘 대하라는 의미를 담
은 『선우록善遇錄』을 지어 스스로를 경계하였으며 자손들에게도 남
겨 살피도록 하였다.

도연명이 아들에게 하인 하나를 보내며 편지를 써서 이렇
게 경계하였다. "이 또한 사람의 자식이니, 마땅히 잘 대해
주거라." 세상 사람들은 많이들 이 뜻을 알지 못하여 사람
으로서 보지 않고 물화로써 그들을 보다보니, 몰아서 채찍
질하고 학대한다. 일찍이 소와 말도 그와 같지 않았다. 소
와 말의 경우 임무를 다하지 못할까 걱정하지만 장차 남에
게 팔리지는 않는다. 죽이거나 해치고 추위에 떨거나 굶주
리지 않도록 경계한다. 유독 노비에게는 이러한 근심이 없
다. 그런 까닭에 그들이 추위에 떨고 굶주리게 하며, 죽이
거나 해친다. 심지어는 살아서는 그 집을 파괴하고 죽어서
는 그 재물을 빼앗으니 슬프다. 나는 까닭에 이 기록의 이
름을 '선우'라 하고 스스로 경계하며 반성하고자 한다. 또
자손들에게 남기고자 한다. 병술년 4월 11일 공재 주인이
쓰다.**11**

서문 「선우록제사善遇錄題辭」의 이 내용처럼 노비까지도 따뜻하게 품어 주고자 했던 윤두서는, 죽는 날까지 노비제나 양반제 같은 악법과 폐습을 개혁하고자 부단히 노력하였으며 실천에도 몸을 사리지 않았다.

소금을 구워 팔다

1713년 봄, 윤두서는 해남으로 귀향하였다.

이른 아침 윤두서는 해남을 찾아와 준 이서 형제와 종택 사랑방에 모여 앉았다.

"녹우…."

창 너머 비자나무 숲으로 귀 기울이던 이서가 나지막이 말했다.

"녹우?"

"새벽녘에 올랐을 때도 그러더니 바람이 부노라면 뒷산 숲의 비자나무들이 비 내리는 소리를 내는 것 같으이. 이곳 사랑채를 녹우당綠雨堂이라 칭해야 마땅하지 않겠는가?"

"녹, 우, 당."

"자네의 귀향을 기념하는 뜻으로 내 직접 현판을 써 볼까 하네."

"더할 수 없이 좋습니다."

한양에서는 느낄 수 없었던 여유로움이랄까, 풍요로움이랄까. 무엇을 보든, 무엇을 하든 흥겹기만 했다. 이익이 한마디 거들었다.

"푸를 녹, 비 우. 푸르른 저 나무들처럼 맑고 깨끗한 선비 정신이 고스란히 녹아 있는 듯합니다."

"참, 아우의 호를 성호라 지었다지."

"고을 가까이 있는 호수를 호로 삼은 것입니다."

"안산에 들를 때면 함께 거닐던 그 호수 말이렷다. 물빛이 투명하다 못해 검푸르기까지 했는데."

"형님께서 호수에 비친 하늘을 한없이 들여다보던 모습이 지금도 눈에 선합니다."

이익이 윤두서와 눈을 맞추었다.

"성호星湖 이익. 아우의 진정성이 고스란히 읽히는 것이 참으로 듬직한 이름일세. 그만큼 기대도 크고."

"제가 형님의 학문세계에 관심이 많다는 거 아시지요?"

"얼마나 고마운 일인지 모르네."

"지도 제작을 위해 각지를 다니실 때였지요? 경기도 지역을 다니던 중에 저희 집에 묵으실 때였는데, 헤진 옷을 직접 기워 입었던 거 기억하십니까?"

"평소에도 곧잘 하는 일인 것을. 더욱이 워낙 강행군을 하다 보니 옷이든 신발이든 쉬 닳기 일쑤니, 바느질이든 뭐든 스스로 해결하는 것쯤은 기본 아니겠나."

윤두서로서는 유난할 게 없는 행동이었다.

"형님의 그런 자세 또한 학자로서 갖춰야 할 덕목이라 생각합니다. 배워 마땅한 일이지요. 앞으로도 형님의 학문세계를 승화하고자 부단한 노력을 아끼지 않을 것입니다."

"부디 많은 사람들을 이롭게 할 학문에 전력을 다해 주시게."

"지켜봐 주십시오."

이익의 표정이 자신감에 넘쳤다. 윤두서가 이서에게 말했다.

"예까지 걸음하였으니 보길도에도 가 보시지요. 세연정에 여러 날 머물며 풍월을 만끽해도 좋을 것입니다."

"좋지! 개척정신과 위민사상을 몸소 실천하셨던 고산 어른의 발자취를 따라가 보는 것만큼 의미있는 걸음도 드물 것이야."

"예전엔 증조부님을 많이도 원망했습니다. 헌데 나이가 든 이제야 당신의 의중을 온전히 이해할 수 있을 것 같으니. 세상을 등지고라도 후학들을 가르치는 일에 전념하셨던 깊고도 너른 그 뜻을 어찌 그리도 헤아릴 줄 몰랐던지, 제가 참 어리석었지 싶습니다."

"고산 어른께서 자네를 종손으로 택하신 이유 아니겠는가."

"죽도 개발에 온힘을 다하시던 작은아버지의 의지와 정신이 증조부님의 유업을 잇고자 함이었다는 걸 비로소 깨달았을 때의 희열은 어떤 말로도 표현이 어려울 것입니다."

"죽도 쪽도 필히 들러 봐야겠는걸."

"백포에 고산 어른께서 특별히 지어 준 별저가 있다셨지요? 조만간 그 인근 땅을 농토로 개간할 계획이라니 그곳에도 가 보고 싶습니다."

이익의 입가에도 넉넉한 미소가 번져 있었다.

윤두서는 개척정신과 위민사상을 바탕 한 증조부의 유지를 받들어, 백포 주변을 비롯한 곳곳의 버려진 땅을 개간하여 농토를 확보해 나갈 계획이었다. 농토 확장이야말로 주민들의 안정된 삶을 보장해 줄 거라는 믿음이었다.

이서가 오래전 기억을 떠올렸다.

"자네가 한양으로 이사한 때가 열세 살 되던 해였지? 자신의 의지와 무관하게 고향을 떠나야 했으니 그 심사가 어땠을지 짐작도 어려운걸."

"산도 들도 다투듯 봄기운을 발산하고 있었습니다. 종택 앞 은행나무는 초록 잎이 무성하고 연지도 온통 진초록 연잎으로 뒤덮여 있었지요. 그런데 연꽃이 연못을 화려하게 수놓는 것도 보지 못하고 떠밀리듯 한양으로 가야 한다니 도무지 내키질 않았습니다."

윤두서는 윤이후와 못가 정자에 나란히 앉아 속엣말을 모조리 꺼내 놓았던 어느 하루를 떠올렸다. 백포 별저에 들러 바다도 보고 들판과 마을 곳곳도 둘러보자던 윤이후의 음성이 귓가를 맴도는 것도 같았다.

"한양으로 떠나기 며칠 전이었는데 백포 별저에 들렀을 때 작은어머니가 끓여 주신 미역국이 어쩜 그리도 맛이 좋던지요. 국그릇을 몇 번이나 비웠는지 모릅니다."

"그렇게 떠나 서른세 해 만에 돌아온 것이렸다! 그럼에도 이곳에 대한 애정이 이토록 끈끈한 걸 보면…. 이야말로 조상 대대로 이어져 온 유지가 아니고 무엇이겠는가. 그러니 주민들 역시도 종가 일이라면 무조건 믿고 따르는 것일 테고."

"엄밀히 말하면, 농토를 확보하고자 버려진 땅을 개간한다고는 하지만 그것을 일구는 주민들의 수고가 있기에 종가의 경영도 가능한 것이 아닐는지요."

"거야 그렇지."

이서가 어깨를 추키며 웃었다.

"머잖아 저 앞 연지가 연꽃 빛으로 뒤덮일 것입니다. 장관도 그런 장관이 없을 터 천천히 묵어 가셔야 후회치 않을 것입니다."

"그만 가라고 등 떠밀지나 마십시오."

이익이 천연덕스레 농을 건네며 담장 저편으로 고개를 길게 뺐다. 연꽃으로 뒤덮인 연지가 보이는 듯했다. 이서도 두서도 이잠의 사망 이후 저렇듯 활기찬 이익의 모습을 본 기억이 없었다.

135

이서가 새긴 녹우당 현판.

'녹우당'은 원래 이 집 사랑채의 이름으로, 이서가 당호를 짓고 써 주었다. 효종이
윤선도를 위해 수원에 하사했던 건물을 1668년(현종 9년) 옮겨 왔으며, 그 후
녹우당은 많은 문객들과 함께 학문과 문화예술을 꽃피우던 교유처 역할을 했다.

이익,『성호사설星湖僿說』별본別本. 조선 후기.

이익이 사십여 년간 지은 글들을 그의 후손이 엮은 책. 천문, 역사, 경제, 풍속, 문학
등 다양한 부문에 걸친 기록을 통해 그의 실학적 학풍을 이해할 수 있다. 박학과
실사구시를 추구한 윤두서의 학풍과 사상, 예술은 밀접한 교유를 통해 이익에게
전수되어 실학사상을 형성하는 토대가 되었으며, 훗날 다산 정약용에게 이어질 수
있었다.

녹우당 사랑채.(pp.136-137)

이서와 이익이 한양으로 돌아간 후, 윤두서는 사랑채 현관에 쓰인 글씨를 무시로 올려다보았다. 이서와의 금란지교를 되뇌노라면 외로울 것도, 두려울 것도 없었다.

윤두서는 앞으로의 계획을 구상하고 준비하는 한편, 해남에서의 일상과 주변 사람들과의 교류 내용 등을 문집 『기졸記拙』에 정리해 나갔다.

한가로운 일상과 편안한 정서가 반영된 시문이 여러 편이었으며, 그동안 지은 시문도 빠짐없이 수록하였다. 화평畵評은 물론이고 노비의 매매나 세습과 관련한 실천적 의견을 언급하였으며 병법에 대한 의견 개진도 마다하지 않았다.

기회가 될 때면 곳곳의 풍경과 사람들 일상을 화폭에 담았으며 서화 정리도 병행하였다. 자기 삶에 대한 위로이자 격려였다.

○

이상기후 탓에 해남 지역의 한 해 농사가 엉망이 되고 말았다.

어획량이라고 별반 다르지 않았다. 설상가상 해일이 바닷가 마을들을 덮치고 말았다. 특히 바다와 맞닿은 백포의 피해는 이루 다 말할 수 없을 정도였다. 농산물 수확량이 워낙에 적었건만 그나마도 해일이 휩쓸어 가고 말았으니, 인심은 극도로 흉흉해졌고 굶어 죽거나 풀뿌리라도 찾으려 떠도는 이들이 부지기수였다.

관청에서도 구제책을 쓰긴 했지만 실제적인 혜택을 누리기엔 턱없이 부족해 결국엔 치안마저 불안한 지경에 이르고야 말았다.

보다 못한 윤두서는 기근에 시달리는 주민들을 위해 할 수 있는 일이 무얼까 고민하였고, 마침내 윤덕희에게 자신의 뜻을 밝힐 수 있었다.

"백포를 비롯한 인근 마을 사람들에게 종가 사양산에 있는 나무를 벌채하여 소금을 구워 팔도록 하면 어떨까 싶구나."

"하오시면 저는 소금을 구울 때 사용할 가마가 얼마나 있는지 알아보겠습니다."

"그리 발 벗고 나서 준다니 바랄 게 없구나."

윤두서는 자신의 뜻을 이해해 주는 윤덕희가 대견하고 고마웠다.

윤덕희가 사용 가능한 염창을 알아보러 간 사이 윤두서는 기석을 데리고 백포로 향하였다. 기석이 말을 타고 가시라 권했지만 주민들의 처지를 생각하면 발품을 파는 편이 나을 듯싶었다.

황톳물로 벌겋게 뒤덮인 들판을 지나는 마음이 무겁기 그지없었다. 형편없이 망가진 마을들 모습에 걸음은 무디기만 했다.

"소출량도 형편없건만 그조차 해일이 모조리 휩쓸어 갔으니….하늘도 참으로 무심하셔라."

가늠키 힘든 윤두서의 안색을 살피며, 기석은 끝까지 말을 타고 가시라 권하지 못한 자신 탓만 같아 몇 번이고 멈춰 서 한숨을 내쉬었다.

망부산 초입에 이른 윤두서는 그제야 깊고도 긴 호흡으로 마음을 추슬렀다. 백포 별저의 뒷산인 망부산은 나무를 기른 지 오래인데다 사람들 발길도 뜸해 나무들이 꽤 촘촘했다.

눈앞에 펼쳐진 산등성을 휘이 휘이 둘러볼 때였다.

"게 섰거라."

관졸 차림의 사내가 덮치듯 윤두서 앞을 가로막았다. 검을 치켜든 모습이 험악하기 이를 데 없었다. 뒤편으로 검과 창, 활로 무장한 관졸들도 보였다. 기석이 놀라 허둥지둥 윤두서를 막아섰다.

"이놈들아, 이 어른이 누군지 알고 무지막지하게 구는 게냐?"

"거야 내 알 바 아니고. 에서 썩 물러가렸다!"

"네놈들이야말로 남의 산을 가로막고 서서 뭐하는 게야?"

"허엇, 남의 산? 웃기시네."

"이놈 봐라? 제 산을 제 산이라 하는데도 왜 이리 억지를 부리는 게야."

"오늘만 해도 몰래 벌채하다 들키자 제 산입네 박박 우기던 놈이 몇이더라? 늘씬 얻어맞고서야 이실직고한 놈들이 벌써 여럿 아닌가."

기석이 통 물러설 기미를 보이지 않자 사내가 코웃음치며 관졸들에게 동조를 구했다.

"가만있자 그러니까 그게, 한 놈에 두 놈에…. 맞다! 좀 전엔 연놈들이 줄행랑치다 넘어져 앞니가 모조리 깨지지 않았습니까?"

"숲에 나무 좀 보인다 싶으면 게나 고동이나 가지 하나라도 빼가려고 덤벼들질 않나, 그래놓고 들켰다 하면 제 산이라고 우기질

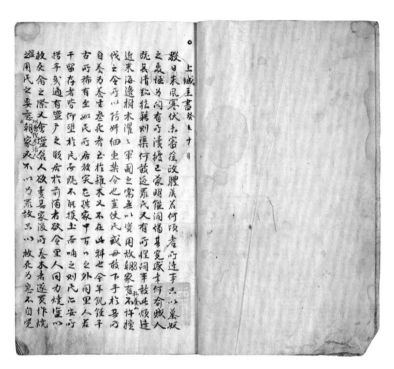

윤두서의『기졸』중「상성주서」와「화평」(pp.142-143) 부분. 18세기 초.

『기졸』은 윤두서가 1691년부터 1715년까지 약 이십오 년에 걸쳐 쓴 글들이 담긴
문집이다. 일상과 내면세계, 교유관계, 사건 등을 직접 기록해 그의 내면이 생생하게
드러나 있다. 주로 시문이 실려 있고 화평, 서간, 경문, 열전, 축문, 묘지 등으로 나뉜다.

少生乃篆隹庶一家亮縱近古而惜其固之耳

李澄

世學之昌有光於前談洽廣博無所不能而惜其胸中無一
片奇氣未免隆入於院家耳

滄江趙氏

第如金玉墨如雲烟蕭洒超逸可以追武雲林而顧廣博非
所長耳

金明國

筆力之健墨法之濃積學所得能為之像之像傑然名家而
氣質麤辣終啓院家陋習自是畫學異端

共于金

司圖金褆

濃贍潤遠老健儯巧可謂東方大家昭代獨步

鶴林正

劉緊雅潔而恨其狹小

竹林守

力量過於伯君而工夫却有未及

石陽君

得竹之勁而無竹之潤得葉之堅而無葉之南有森秀之意

而無四面之勢有亭亭之氣而無倚三之色無一可為習之氣所

拘耶惜我延東方畫竹推為第一

않나. 에라, 이참에 나도 아무 산이나 내 거라고 우겨 볼까 보다.”

관졸들도 맞장구쳤다. 과장된 동작으로 주먹질을 해 보이는 이도 있었다. 의기양양해진 사내가 치켜든 검을 사선으로 내리그었다.

“들었지? 제아무리 흉년이 심하다지만 너희 같은 간사한 무리들이 판을 쳐대니 나라에서 명을 내린 것이 아닌가. 그런데도 나무를 멋대로 베어 가기 일쑤니, 보다 못해 우리들까지 이런 외진 곳에다 처박아 둔 거 아니겠냐고.”

“조정에서 율령을 내렸다 했는가?”

저들이 하는 양을 지켜만 보던 윤두서가 앞으로 나섰다. 사내는 그제야 윤두서의 풍채를 요리조리 살피면서도 놀라는 기색이라고는 없었다.

“그렇소만?”

“산주인일지언정 일체 벌목을 할 수 없단 말이렷다?”

“거참, 어느 댁 나리신지는 모르겠지만 대체 몇 번을 말해야 알아듣겠소. 그러니 제 아무리 나리 산이라 해도 잔가지 한 쪽 꺾어 갈 생각일랑 아예 하지도 마쇼. 그랬다간 우리만 맥없이 경을 칠 터, 그만 썩 물러가시오.”

여차하면 밀쳐 버리고 말 기세였다. 관졸들도 서슬이 퍼랬다. 기석이 멱살이라도 잡아 틀 듯 덤벼들었다.

“네 이놈, 썩 비켜서지 못할까!”

“두어라. 주어진 임무에 충실코자 하는 게 무슨 잘못이겠느냐.”

윤두서는 황급히 기석을 저지했다. 그러고는 사내를 향해 고개를 주억였다.

“조만간 다시 보세.”

“그러시든가.”

사내는 콧방귀를 끼고는 그만이었다. 대수로울 게 없다는 태도였다.

윤두서는 백포 인근을 차근차근 둘러보고서야 집으로 되걸어 왔다. 몸도 마음도 기진할 지경이었지만 휴식도 미룬 채 해남 군수에게 양해와 협조를 구하는 「상성주서上城主書」를 써 나갔다. 조정에서 내린 율령보다 백성들의 구제가 우선되어야 한다는 판단이었다.

근래 해변의 수목들이 탁탁해져서 군대와 나라의 수요로 쓸 수가 없게 되었습니다. 그래서 조정에서 사양산의 나무를 멋대로 베지 못하게 하는 율령을 내렸으니 간세奸細를 막기 위한 무거운 금령이지, 어찌 백성들로 하여금 양생상사養生喪死를 위해 그 스스로 기른 것에 감히 손을 대지 못하게 하는 것이겠습니까? 잡목에 이르러서는 또한 이러한 조목이 있지도 않습니다. 올해 기근은 천고에 드물게 있는 것으로, 백성들이 거처하는 곳에서는 재앙을 당한 것이 더 심합니다. 집안의 몇몇 사람들과 남아 있는 마을 사람 약간에게 백성들이 기대하고 있지만, 이미 땅을 얻어 먹일 수 없게 되었으니 백성들을 또한 어찌 손쓸 수가 있겠습니까? 마침 앞 갯가에 살고자 하는 소금쟁이가 있어서, 마을 사람들로 하여금 힘을 합쳐 소금을 구워 생사의 기로에서 구제하고자 했습니다. 또 마침 자기 집 뒤에서 기른 나무를 팔려는 염창지기가 있어서, 드디어 사서 소금을 굽는 재료로 썼습니다. 백성들의 어리석은 뜻은 나무를 베어 살고자 하는 것이니, 조정에서도 반드시 죄로 여기지 않을 것입니다. 다만 죽음에서 구제하는 것을 급하게 여길 것입니다.[12]

얼마 지나지 않아 사양산의 나무를 베어다 소금을 구워 팔아도 좋다는 허가가 내려왔다. 노복들은 당장 백포와 인근 마을을 돌며 윤두서의 뜻을 전달하였다.

종손 어른께서 직접 나서 준다는데 몸을 사릴 이유가 없었다. 주민들은 하늘이 무너져도 솟아날 구멍이 있다는 말이 결코 헛말만은 아님을 실감하며, 도끼든 낫이든 하다못해 호미라도 챙겨 들고 현장으로 몰려갔다.

남녀노소 가릴 것 없이 힘을 합쳐 벌목했고 그걸 땔감 삼아 소금을 구워내었다. 주린 배쯤은 문제도 아니었다.

망부산을 지키던 관졸들이라고 예외가 아니었다.

"이제 말이지만 나리 눈빛이 결코 범상치 않다 싶었거든. 역시! 역시!"

"피이, 당장이라도 뭔 일을 낼 것처럼 검까지 휘두른 건 뭐래요?"

"내가? 에이, 설마."

"어쨌든지 간에 맥없이 산만 지키고 있으니 우리도 한 몫 거드는 게 낫겠지요? 힘이라면 우릴 따라올 자가 없지 않습니까."

모두들 팔을 걷어붙인 채 벌목 현장을 떠날 줄 몰랐다.

아내 명아는 종가의 곳간을 있는 대로 열어 끼니를 준비하였고 새참도 놓치지 않으려 애썼다. 누가 시킨 것도 아니련만 마을 아녀자들도 거들고 나섰다.

해가 바뀌며 어느새 마을 전체가 잔치를 벌이는 듯 흥이 넘쳤고, 어찌어찌 소식을 들었는지 외지로 떠돌던 이들까지 하나둘 돌아와 산으로 염막으로 분주히 뛰어다녔다.

마침내 수백 호에 달하는 주민들 모두가 더는 굶어 죽는 일도, 풀뿌리라도 찾으려 외지로 떠도는 일도 없게 되었다.

얼마 후 군수 최석정이 찾아왔다.

윤두서는 최석정을 사랑방으로 모시었다.

"염막 일이 마무리되어 인사를 드리려 하고 있었습니다."

"워낙에 바빴을 터, 누가 먼저 걸음을 하든 대수일까. 마침 전할 말도 있고. 그러고 보니 자네와는 처음 마주 앉는 것 같네만."

"그런데도 어른의 명성을 익히 들어서인지 전혀 낯설지가 않습니다."

"나도 마찬가질세."

남구만과 더불어 소론의 영수로 일컬어지는 그는 당쟁의 화를 줄이려 애쓰던 정치가였으며 백성의 어려움과 정치적 폐단을 변통하고자 노력한 행정가로도 이름이 높았다. 노론과의 충돌로 영의정에서 물러난 이후 이곳 해남의 군수로 일하고 있었다.

"늦은 인사긴 하지만 망부산의 벌목을 허락해 주셔서 고맙습니다. 덕분에 주민들이 더는 기근에 시달리지 않게 되었습니다."

"나야말로 율령에만 얽매여 벌목을 감시하려고만 했지, 기근을 해결하려는 노력은 하지도 않았으니…. 자네가 올린 편지를 읽고 어리석음을 깨우칠 수 있었지 뭔가."

찻상을 사이에 두고 앉은 그의 눈길이 너그러웠다.

"어떤 위정자인들 자네의 공을 따를 수 있을까 싶으이. 주민들의 구휼을 몸소 실천한 패기야말로 칭송받아 마땅한 터, 내 자네를

작자 미상. 〈최석정초상崔錫鼎肖像〉. 18세기 초.

최석정(1646–1715)은 소론의 영수로, 1713년 해남에 기근이 들자 사양산의 벌목을 통해 주민들을 구휼한 윤두서를 정구품직인 세마익위사의 세마로 천거했다.

세자익위사世子翊衛司에 추천하였네. 주상의 윤허도 받았고."

기근 구제에 대한 감사의 뜻도 전할 겸 서둘러 방문한 이유기도 했다. 윤두서는 혼잣말처럼 되물을 수밖에 없었다.

"전하의 윤허까지?"

"그렇다네."

최석정의 진심을 모르는 바 아니었다. 하지만 이번 일을 겪으며 자신이 진정으로 있어야 할 곳이 어딘지 거듭 깨달을 수 있지 않았던가.

"어른의 고마우신 뜻을 헤아리지 못하는 바 아니지만 감히 사양코자 합니다."

"그, 무슨?"

짐작은 하였지만 최석정은 놀라움을 감출 길이 없었다. 윤두서가 고개를 조아려 제 뜻을 풀어놓았다.

"제가 귀향을 결심한 데는 증조부님의 유지를 잇고자 하는 마음이 그만큼 크기 때문이었습니다. 이번에 주민들과 함께 벌목을 하고 소금을 구워 팔면서 그 필요성을 절감하였던바, 부디 제 뜻을 이룰 수 있도록 도와주십시오."

"고산 어른께서 참으로 기뻐하실 게야. 주민들이야 말할 것도 없을 테고."

최석정이 무릎을 쳤다.

윤두서는 고개를 깊숙이 조아려 감사의 뜻을 전하였다. 창을 타 넘어온 햇살 줄기가 구레나룻 터럭 새로 스며들었다.

척박한 땅을 일구며

1714년, 윤창서가 사망했다.

　윤두서는 윤이후의 묘 가까이 윤창서를 묻어 주며 슬픔을 삭였고, 백포 인근 땅 개간을 진행해 나갔다. 거처도 백포 별저로 옮겼다.

　친척들이라고 가만있지 않았다. 종가의 뜻깊은 사업에 어찌 빠질 수 있겠냐며 팔을 걷어붙이는 친척들이 한둘이 아니었다. 윤이송과 윤이보는 어초은공을 비롯한 조상들의 묘지 관리를 주도하는 것으로 힘을 보태니 윤두서로서는 걸음걸음 힘이 되었다. 흥이 되었다.

　개간이 한창 진행될 때였다. 오랜 세월 버려졌던 거친 땅을 경작지로 일구는 일이 수월치만은 않았지만, 품삯이 후한데다 소작 농토가 생긴다는 기대에 부풀어 개간에 참여한 주민들 모두 제 일처럼 흥을 낼 수 있었다.

　"다들 신이 나셨구먼?"

　느닷없이 현장에 난입한 사내 여럿이 천막이며 돌 더미와 잡풀 더미를 들쑤셔 가며 난동을 부렸다.

　먼 바다로 고기를 잡으러 다니는 사내들이었다. 워낙 바다로 나가 있는 날이 많아 그런지 평소 주민들하고는 말을 섞는 일조차 없었다. 고을 일에도 일체 관심을 보이지 않던 이들이 아닌가. 안하무인인 기세에 모두들 혼비백산이었다. 그런데도 사내들은 부서진 천막 기둥과 밧줄을 내던졌고, 돌멩이든 잡풀이든 손에 잡히는 건 뭐든 가릴 줄 몰랐다. 예서제서 울음을 터트리고 비명을 질러도 아랑곳하지 않았다.

　"농토를 만듭네, 생색이란 생색은 다 내고 무지몽매한 주민들을 끌어들여 제 배나 불리겠다는 속셈을 어찌 헤아리지 못하누."

한동안 난동이 이어졌고 주동자로 보이는, 불콰한 낯빛의 장정이 고래고래 고함을 쳐댈 때였다. 아우들과 수로 쪽을 살피고 있던 윤덕희가 소동에 놀라 황급히 달려왔다.

"무슨 일인가?"

"어라? 종손나리 아니신가요?"

예상치 못한 윤덕희의 출현에 움찔하는 기색이 역력했지만 불콰한 낯빛의 장정은 곁눈질로 훑으며 비아냥거렸다. 다른 사내들도 장정 주변으로 하나, 둘, 몰려들었다.

"대체 왜 이러는가."

"대체 왜 이러냐? 그러니까 그게…."

잠시 쭈뼛대나 싶던 장정이 사람들 시선이 모두 자신에게 쏠린 것을 의식하고는 목에 핏대를 세웠다.

"나리께서 태어나기도 훨씬 전이랬나, 집안이 좀 잘 나간다 싶으니까 서둘러 한양에 오르셨다면서요? 거기서 오만 거 다 누리시더니 반대 세력에 밀리자 도망치듯 이리로 다시 오신 거 아닙니까. 그래놓고선 마치 여기 사람들을 위해 귀향한 양 갖은 생색을 다 내시니, 눈꼴이 시어 두고 볼 수가 없을 지경이지 뭡니까."

관직에 얽매이느니 그 열정과 정성을 주민들과 나누며 살고 싶다던 아버지거늘. 한양에 살면서도 단 한 순간도 주민들을 가슴에서 내려놓은 적 없는 그 진심을 어찌 말로 다 할 수 있을까. 윤덕희는 간신히 한숨을 삼켰다.

"까놓고 말해서 지금 당장이야 버려진 땅을 개간합네, 농토를 나눠 줍네, 유난을 떨지만 등골 빠지게 농사 지어 봤자 결국 종가만 좋은 일 시키는 거 아닙니까. 몇 해 전인가 작은댁 나리께서 죽도를 간척한 것도 자신들 배나 불리겠단 속셈 아니었냔 말입니다. 그런데도 마치 온전히 주민들을 위해 그러는 것처럼 있는 생색 없는 생색 다 내고 있으니 나 원 참, 더러워서!"

할 말은 하고 보자는 심산인 듯 있는 힘껏 가래를 돋우는 모양새가 거칠기 그지없었다.

곳곳에서 수군거림이 새어 나왔다. 듣고 보니 저이 말도 일리가 있지 않냐는 둥, 세력 싸움에 지는 통에 벼슬자리는 꿈도 못 꾸게 되자 부랴부랴 내려와서는 우릴 위해 귀향한 양 유세나 떤다는 둥, 듣기 거북하기 짝이 없었다. 농지를 개간해 나눠 주겠다는 것도 사실은 종가 사람들 먹여 살리는 건데, 것도 모르고 땅 뙈기 좀 얻겠다고 허구한 날 이 고생이었다며 땅이 꺼져라 한숨을 내쉬는 이도 있었다.

"이놈들 보게나. 농사지을 땅 한 뼘이 없어 하늘만 쳐다봐야 하는 처지는 어째 생각지 않누? 세상천지 어느 누가 우리들 농사지으라고 애써 농토를 만들어 주냔 말이다."

"게다가 공짜로 일하는 것도 아니고. 예처럼 품삯이 후한 데가 어디 또 있누? 정히 싫음 그만두면 될 것 아닌가!"

"여러 말 필요 없고! 채권 뭉치를 불사르신 거며 소금을 구워 팔도록 해 주신 거며, 이제껏 행해 오신 것만 봐도 종손 나리의 애향심에 감복해 마지않을 터. 그런데도 저딴 놈 말에 귀가 솔깃해지다니 무지몽매하단 소릴 들어도 싸다 싸!"

수군거림을 나무라는 목소리들도 덩달아 커져 갔다. 그럼에도 윤덕희는 그냥 듣기만 하였다. 농토를 확보하고자 버려진 땅을 개간한다 해도, 그 땅을 일구고 수확하는 주민들의 피땀 어린 노동이 있기에 종가의 경영도 가능한 것이 아니겠냐며, 주민들의 노고가 헛되지 않도록 진심을 다해 살피고 챙겨야 한다던 아버지의 가르침을 떠올렸다.

"대체 어디서 굴러든 놈들인 게야? 에서 웬 트집인 게냐고!"

언제 나타났는지 망부산을 지키던 관졸 우두머리가 장정의 뒷덜미를 와락 틀어잡았다. 다른 관졸들도 보였다.

"어엉? 누구얏."

"비번이라 개간 일도 도울 겸해서 왔더니만, 이 무슨 해괴망측한 경우가 다 있대?"

장정이 눈알을 희번덕이며 저항했지만 관졸 우두머리는 그를 땅바닥에 냅다 패대기쳐 버렸다. 그러고는 한쪽 발에 치세워 등허리를 짓눌러댔다. 장정은 옴짝달싹하지도, 비명을 지르지도 못했다. 때를 놓칠세라 관졸들이 재빨리 사내들을 에워쌌고, 기선 제압에 밀린 사내들은 이러지도 저러지도 못하고 눈치만 살폈다.

관졸 우두머리가 등허리를 밟은 발에 재차 힘을 가하며 윤덕희에게 동의를 구했다.

"나리, 이런 놈들은 관아로 끌고 가야 마땅할 것입니다."

"맞습니다. 남의 공사장에 쳐 들어와 행패나 부리는 건 분명 법

151

에 위배되는 일이거늘, 당장에 관아로 끌고 갑지요.”

“막돼먹은 저놈들을 당장 감옥에 처넣자고요!”

관졸들이 여기저기 패대기쳐져 있던 천막 기둥과 밧줄을 부랴부랴 챙기자 상황을 파악한 주민들이 거들고 나섰다. 장정 말에 귀가 솔깃했던 이들도 끼어들었다.

분위기가 심상치 않음을 알아챈 사내들이 제발 살려 달라며 애걸복걸했다. 자신들은 그저 장정을 따라나선 죄밖에 없으니 부디 노여움을 푸시라고, 목숨만 살려 주면 그 은혜 죽어서도 잊지 않겠다며 주민들 바짓가랑이를 붙들고 늘어졌다. 몇몇은 땅바닥에 코를 박은 채 손이 발이 되도록 빌었다.

“이놈들 보게나? 까마귀고기를 먹은 것도 아닐 테고, 제 놈들이 한 짓은 어째 생각도 않누? 네놈들 행패에 오줌까지 지려 버렸거늘.”

“우리네야 까짓 그렇다 쳐도 종손 나리께서 얼마나 놀라셨을꼬. 내가 다 무색해 죽는 줄 알았다니까.”

주민들 반응은 싸늘하기 이를 데 없었다. 오히려 마음이 크게 상했을까, 윤덕희 안색을 살피기에 급급했다. 그런데도 사람들을 휘 둘러보는 윤덕희의 눈빛에 동요라고는 없었다.

“그만두어라. 다행히 크게 다친 사람은 없는 듯하니 이쯤에서 마무리 짓는 게 좋겠구나.”

“거참, 종가 나리들께서 그리 무르게 대해 주시니 이리 하찮은 놈들까지 괜한 시비나 붙이는 것 아니겠습니까.”

관졸 우두머리는 망부산 일을 기억해내며 황망한 표정을 감추지 못했다. 장정도, 사내와 관졸들도, 두 팔을 걷어붙였던 주민들도 어안이 벙벙한 표정이었다.

“다친 이들부터 챙기는 것이 순서 아니겠느냐.”

윤덕희는 주저 없이 자신의 뜻을 확인시켰고, 혹여 다친 사람이 없는지 직접 살피고 다녔다.

그 모습을 지켜보던 관졸 우두머리는 장정의 옆구리를 툭 걷어차는 것으로 상황이 종료되었음을 공포했다.

“인마, 나리께 네놈들 일자리도 좀 달라고 말씀드려 보지 그래?”

“그냥 배나 타면서 살 거요.”

장정이 태연한 척 너스레를 떨더니 어정쩡 서 있는 사내들에게 당장 여길 빠져나가자는 눈짓을 보냈다. 그러고는 걸음아 나 살려라, 줄행랑쳤다.

○

녹산면의 접산 개간을 추진할 무렵이었다.

윤두서는 백동경 함을 열었다. 그러고는 지름 여덟 치가량의 거울을 찬찬히 들여다보았다. 익숙한 듯 낯선 얼굴이 담겼다.

새로 개간을 추진하고 있는 땅은 백련동에서 멀지 않은 접산의 동쪽 등성이 위로 펼쳐진, 주인조차 없는 척박한 땅이었다. 윤두서는 먼저 주인이 없는 땅임을 확인해 달라는 청원을 관아에 제출하였고 확인서를 받는 즉시 개간해 나갈 생각이었다. 그런데 언제부터인지 잔기침이 잦아지더니 순간순간 어지럼증이 일고는 했다. 눈도 어두워진 듯 읽기도 쓰기도 그림을 그리기도 어려울 때도 많았다. 마음이 스산하고 산만하여 〈백포별서도白浦別墅圖〉에 담았던 들판과 낮은 구릉을 느린 걸음으로 돌아보며 호흡을 가다듬은 적도 여러 번이었다.

자신을 직접적으로 표출하기를 꺼리는 관습 때문일까. 오랜 세월 자화상 자체가 금기시되고 있었다.

개의치 않았다. 더는 미루는 일 없이 자신의 모든 것을 화선지에 쏟아내야 했다. 덜하지도 더하지도 않고, 있는 그대로.

윤두서는 거울에 담긴 자신의 모습을 웅숭깊게 응시하였다. 시간이 얼마쯤 흘렀는지는 결코 중요치 않았다.

마침내 깊고 긴 호흡으로 정신을 집중한 윤두서는 정면상에 좌우대칭을 구도로 한 자화상을 그려 나갔다. 인물의 골상을 잘 드러낼 수 있는 칠팔 분면을 취하는 대신 평면적 표현이 되기 쉬운 정면상을 선택한 데는 내재된 자아를 날것 그대로 담아내고자 함이 컸다. 또한 평면성을 극복하고자 입체감을 중시하는 서양 회화 기법을 과감히 적용하였다.

윤두서는 먼저 꼬리가 치켜 올라간 눈썹을 미간을 향해 경사를 이루다 콧부리를 타고 코밑수염으로 흐르도록 하여 역동성을 강조하였다. 좌우대칭의 중심축을 차지한 콧부리는 그림자를 만들어 주

해남윤씨 가문 대대로 전해져 온 백동경. 일본 17세기 후반.

윤두서가 자화상을 그릴 때 사용했던 것으로 알려져 있다.

었고, 콧방울과 코끝은 선으로 묘사하여 코 전체를 입체감있게 표현하였으며 눈꺼풀의 그림자와 눈두덩 주위, 입가의 주름 부분은 붉은색의 안료를 옅게 채색하여 음영 효과를 주었다. 볼과 코 사이도 불그스레한 채색을 통해 입체감을 한껏 높였다.

눈동자를 그릴 때에는 동공을 짙은 먹빛으로 강조하고 홍채는 옅은 먹빛으로 그려내는 전통적 기법을 고수하였다.

비통한 듯 우수에 잠긴 눈동자였다. 견디고 견뎌낸 분노와 절망이 고스란히 응축되어 있었다. 그럼에도 불구하고 뚫어질 듯 정면을 응시한 눈빛은 보는 이를 압도하고도 남을 만큼 강렬했다. 절망적인 현실일지언정 결코 굴하지 않겠노라는, 박차고 비상하겠노라는 외침이었다. 다짐이었다.

눈 코 입술을 그리고 난 윤두서는 귀를 과감히 생략한 채 코밑수염과 턱수염 그리고 구레나룻 터럭을 세밀하게 그려 나갔다. 코밑수염은 팔자모양으로 약간 쳐져 있었으며 두 갈래로 나뉜 턱수염은 구불구불 흘러내렸고, 구레나룻은 좌우로 튕겨나갈 듯이 뻗쳐 나오다 위를 향해 살짝 휘어져 있었다. 머리에 쓴 탕건宕巾은 먹의 농담을 조절하며 덧칠해 주었을 뿐이다.

귀 부분을 생략한 것도, 선비들이 기본적으로 갖춰야 할 탕건만 썼을 뿐 관모 따위는 쓰지 않은 것도 윤두서 자신의 내면적 정신세계를 표출키 위한 선택이었다. 흰색 두루마기 차림을 극도로 단순화한 것 역시 같은 이유였다.

〈자화상自畫像〉은 자아의 발현이었다. 도달하고픈 세상에 대한 갈망이었다.

소식을 듣고 이하곤이 한걸음에 달려왔다. 전통화법에 서양 회화의 개념과 기법을 접목시키며 화단의 변화를 이끌어 온 윤두서거늘. 자화상은 기나긴 겨울을 뚫고 솟구친 새싹 같은 존재였다.

가로 6.7치 세로 12.7치에 불과한 화선지였다. 이하곤은 처연한 듯 당당한, 정지된 듯 박진감 넘치는 수묵채색화에서 눈을 떼지 못한 채 전율하였다. 훗날 이하곤은 윤두서 사후, 아주 긴 시간이 흐르고 난 뒤에야 찬문讚文을 쏟아냈다.

6척도 되지 않은 몸으로 사해를 초월하려는 의지가 있다.
긴 수염이 나부끼고 얼굴은 기름지고 붉으니 바라보는 사

람은 사냥꾼이나 검객이 아닌가 의심하지만, 자신을 낮추
고 겸양하는 풍모는 행실이 돈독한 군자와 비교해도 부끄
럽지 않다.**13**

윤두서는 잘 우려낸 녹차를 이하곤에게 권하였다.

"아우께서 한걸음에 달려와 주니 고마운 일일세."

"사형께서 자화상을 그리셨다니 열 일 제쳐 두고 달려올 밖에
요. 화단에서도 관심이 대단한 것을요."

흥분이 쉬 가시지 않는지 이하곤의 볼이 발그레했다.

"참, 화단 소식은 듣고 계시지요."

"다들 열심이렷다."

"정선이란 벗이 얼마나 열성을 보이는지 모릅니다. 얼마 전에
금강산을 다녀와 그렸다는 열세 폭짜리 〈신묘년풍악도첩〉을 볼 기
회도 있었거든요. 구도며 색감이 확연히 눈에 띄는 것이, 머잖아 진
경산수화의 중심을 차지할 듯합니다."

"아우께서 큰 칭찬을 할 정도면 재능이야 의심할 여지가 없을
터, 금강산을 어떤 시선으로 담아왔을지 무척 궁금하이."

지도 제작을 위해 금강산 곳곳을 둘러볼 때도 그곳의 수려한
풍광보다는 사람들 삶에 더욱 집중하지 않았던가. 윤두서는 자신과
는 또 다른 시선으로 그려낸 금강산의 절경이 궁금할 수밖에 없었
다.

"정선이야말로 사형의 산수화가 무척 보고 싶다 합니다. 동물
화며 풍속화도 마찬가지고요."

"내가 한양에 있었으면 좋았으련만."

"어찌 정선뿐이겠습니까? 화단에 입문한 사람치고 사형의 작
품 감상을 꿈꾸지 않는 이가 어딨겠습니까. 자화상 소식까지 전해지
면 그 열망이 얼마나 더 증폭될지 짐작하기 어려울 지경입니다."

이하곤은 작가의 진정성이 고스란히 읽히는 자화상 속 눈동자
를 떠올리며 다시금 전율하였다.

중국의 서적과 서화첩만이 아니었다. 서양은 물론이고 셀 수
없이 많은 작품과 참고문헌을 토대 삼아 자신만의 작품세계를 구축
해 온 윤두서로서도 후학들의 열망이 어떠할지 짐작코도 남았다.

"다른 이들의 작품을 감상하는 일만큼 풍성한 자양분이 또 있

윤두서의 〈자화상〉과 세부(pp.158-159). 18세기 초.

사실주의의 극치로 여겨지는 윤두서의 대표작이다. 선묘 위주의 전통적
화법에서 벗어난 입체적이고 사실적인 표현기법이 두드러진다.

을까."

"진즉부터 생각해 온 것입니다만, 이번 기회에 그간 그리신 그림들을 정리해 보는 건 어떻겠습니까. 말씀처럼 작품 감상만 한 자양분이 없을 터 부디 후학들을 생각해 주십시오. 단언컨대 사형께서 추구해 오신 풍속화야말로 새로운 화풍으로 확고히 자리매김할 것입니다. 이곳 일정이 얼마나 빠듯한지 모르는 바 아니지만 작품 정리에도 시간을 할애해 주시기를 감히, 감히 부탁드립니다."

"마침 서화를 정리하고 있다네."

"진정이시지요?"

거침없는 대답에 이하곤은 하마터면 손에 든 찻잔을 놓칠 뻔했다.

"너무 무리하지는 마십시오. 혈색이 많이 안 좋아 보이는데, 크게 아프신 건 아닌지 걱정스럽습니다."

"자화상에 몰두하느라 그럴 거네. 걱정 마시게."

윤두서는 기꺼운 마음으로 차를 따랐다.

○

1715년, 녹산면 접산의 개간 사업이 차질 없이 진행되어 갔다.

윤두서가 현장을 살피고 있던 오후였다. 채취한 돌무더기 저편이 시끄러웠다.

"거참, 종손 나리 좀 뵙게 해 달라는데 어째 이리 유난을 떠십니까?"

"뭔 얘긴지 나한테 말해 보라니까? 내가 현장 책임자라고!"

"됐고요. 어서 종손 나리한테 좀 데려다 주쇼."

"네놈 하는 짓이 고약해서라도 사양하련다. 썩 물러가렷다."

벌석을 책임진 박태형이 고함쳐댔다. 윤두서는 일꾼들 사이로 끼어들었다.

"날 찾는 이가 누군가?"

"여기 이놈이 글쎄 종손어른을 꼭 뵙겠다고 난리지 뭡니까."

박태형이 의기양양 소리쳤다.

"처음 보는 얼굴이구나."

윤두서의 출현에 놀랐는지 젊은이가 몸을 사렸다. 맨몸인 상체는 뼈만 앙상했다. 길게 땋아 내린 총각머리가 부검지로 뒤엉켜 있었고 손톱 주변은 온통 거스러미였다.

"이름은 있겠지?"

"이놈은 몽구 총각이라고 보길도 저 아래 섬에 사는데요, 종가에서 농지를 일군다길래 무턱대고 달려왔습니다."

젊은이가 땅바닥에 넙죽 엎드렸다.

"그래, 나한테 할 말이 있다고?"

"개간 일에 이놈도 좀 끼워 주십시오. 겉보긴 이렇게 생겼어도 힘 하난 누구한테도 지지 않거든요. 품삯은 한 푼도 안 주셔도 됩니다. 대신에 농지가 만들어지거든 이놈도 농사를 지을 수 있도록만 해 주십시오. 누구보다도 많이 거둬들일 자신 있습니다. 세도 꼬박꼬박 낼 거고요."

곁눈질로 윤두서를 우러르는 눈길이 처절했다.

"그리만 해 주시면 울 엄마랑 누이동생도 데려오고 각시도 얻어 알콩달콩 살고 싶습니다. 종손 나리, 제발 부탁드립니다."

"몽구 총각이라 했지? 밥부터 먹고 나서 돌 채취하는 걸 거들거라."

"네? 네!"

세 식구가 쫄딱 굶어 죽게 생겨 절박한 심정으로 덤벼들긴 했지만, 설마하니 삐쩍 마른 데다 쥐뿔도 가진 거 없는 저를 일꾼으로 써 주기나 할까 싶었는데…. 게다가 귀하신 종손 나리께서 이름까지 불러 주실 줄이야. 꿈인가 생시인가 싶어 윤두서와 박태형을 번갈아 보는 눈빛이 번잡스러웠다. 박태형이 어이없다는 듯 몽구의 어깨를 툭툭 쳐대며 너스레를 떨었다.

"자식아, 그 정돈 나한테 얘기해도 됐잖아."

"에이, 설마요."

"밥 먹게 얼른 따라나 오시지?"

"고봉밥으로 주셔야 돼요."

몽구도 한마디 지지 않았다.

티격태격대는 둘을 바라보던 윤두서는 습관처럼 산등성이 아래를 둘러보았다. 주어진 역할에 온힘을 다하고 있는 일꾼들 모습이 담겼다. 먼 바다로 고기잡이 나서는 사내들 가족도 보였다.

젊은이들이 땅을 고르면 젊거나 나이 든 여자들이 캐낸 돌과

윤두서, 〈설경산수도雪景山水圖〉. 18세기 초.

잔가지 따위를 발 빠르게 지게나 바구니로 옮겨 담고 있었다.

달포 전, 장정을 앞세우고 사내들이 현장을 찾아왔었다. 백포 인근 땅을 개간할 당시 느닷없이 쳐들어와 난동을 부렸던 사내들이었다.

장정이 넙죽 엎드리더니 자신들의 천직은 고기잡이가 분명하다고, 죽는 날까지 고깃배를 탈 작정이라고 운을 뗐다. 다만 가족들이 부쳐 먹고살 땅만 있으면 더 바랄 게 없겠다며 애걸하였다.

윤덕희가 거들었다. 지난번에는 사내들을 제압했던 관졸 우두머리까지 나서서 무슨 일 생기면 자기가 책임질 테니 제발 그리해 주십사 간청했다.

박태형이 절대 안 된다고, 지난번처럼 또 난동이나 피우면 어쩌냐고 반대하고 나섰지만 윤두서는 흔쾌히 허락해 주었다. 박태형은 가족들 누구든 눈곱만 한 실수라도 했다간 가만두지 않겠다고 으름장을 놨다. 하지만 누구보다도 사내들 가족을 잘 챙겨줄 거라 믿어 의심치 않았다. 정 많고 따뜻한 심성을 익히 아는 까닭이었다.

연장 더미를 챙기러 왔던 윤덕희가 한걸음에 다가왔다.

"언제 나오셨습니까?"

"좀 전에 왔구나."

종택에 기거하는 윤덕희와 아우들이 수고를 아끼지 않은 덕분에 윤두서는 백포 별저에 머물며 무시로 현장을 오갈 수 있었다.

"편히 쉬시면 좋으련만."

"네가 수고가 많구나."

"이 또한 제 역할 아니겠습니까."

"고맙다."

장남이라는 이유만으로도 어깨가 얼마나 무거울지. 윤두서는 날것 그대로의 아비 마음을 담아 어깨를 투덕여 주었다.

개간 사업에 전력을 다하다 보니 어느덧 십일월이었다.

밤이 깊어 가는데 어젯밤부터 시작된 비는 도무지 잦아들 줄을 몰랐다. 천둥과 번개도 강도를 더해 갔다.

윤두서는 빗줄기에서 눈을 떼지 못한 채 사랑채 마루를 서성거렸다. 아침녘, 폭우 탓에 오늘 작업은 쉬기로 했다는 윤덕희의 전언이 있었다. 하지만 공사가 한창 진행 중인 산등성이 아닌가. 폭우로 인해 사고라도 생긴 건 아닌지, 불안한 마음을 떨쳐 버릴 수가 없었다. 보란 듯 번개가 연이어 내리치더니 천둥소리가 허공을 갈랐다. 빗줄기도 따라 거세졌다.

윤두서는 결국 우의와 갓모를 차려입었다. 조족등照足燈을 챙기는 것도 잊지 않았다. 그러고는 다른 식구들이 깰까 싶어 되도록 보폭을 좁혀 마구간으로 향했다. 유난히 잠귀 밝은 아내가 겨우살이 준비로 종택에 가 있어 그나마 다행이었다.

기다렸다는 듯 해무가 어서 가자며 채근해댔다.

"해무야, 부탁한다."

해무 등에 올라탄 윤두서는 내처 접산으로 내달렸다. 칠흑 같은 어둠을 가르는 말발굽 소리가 빗소리와 섞이며 퍼져나갔다.

윤두서는 어둠 속을 더듬어 가며 현장 곳곳을 살폈다. 빗줄기에 걸음이 엉키고 미끄러졌지만, 온몸이 흙과 낙엽과 잔가지를 뒤집어쓴 채로 어느 한 곳 허술히 넘기지 않았다. 얼마의 시간이 흘렀는지, 우려와는 달리 이상이 없는 듯했다. 군데군데 쌓아 둔 돌무더기는 단단히 묶여 있었고 연장과 도구를 보관하는 천막들도 밧줄로 고정되어 있었다. 빗물받이용 수로도 막힘이 없었다.

"되었다!"

긴장이 풀리는지 온몸이 한기로 으슬거렸고 팔다리는 마비된 듯 감각이 없었다. 날이 밝는 대로 빗물에 쓸려 온 잔가지 더미를 치워야겠다는 생각을 하며 간신히 갓모를 고쳐 쓸 때였다. 해무가 건너편 등성을 향해 다급히 코울음을 울어댔다.

"무슨 일 있는 게야?"

허튼 동작으로 시선이나 흐트러뜨릴 해무가 아니지 않은가. 하시라도 빨리 자리에 눕고 싶었지만 윤두서는 해무가 이끄는 대로 제법 떨어진 비탈길을 향해 무딘 걸음을 내딛었다.

산비탈 외진 귀퉁이의 바위틈에 나뭇가지를 얼기설기 엮어 만든 산막이 보였다. 산사람들이 쓰다 버리고 간 산막쯤 되나 보았다. 빗소리를 뚫고 신음 소리 같기도 한, 가쁜 숨소리가 새어 나왔다.

윤두서는 그제야 갈기를 후두두 털어내는 해무를 지나쳐 부서지고 틀어진 문짝 안으로 발을 들였다. 몽구가 거적을 뒤집어쓴 채 흙바닥 귀퉁이에 쓰러져 있었다. 빈약하기 그지없는 몸이 땀과 비로 범벅이 되어 있었다.

164

"몽구 총각, 정신 좀 차려 보게."

다급히 어깨를 안아 흔들어 보았지만 정신을 잃은 듯 가쁜 숨만 몰아쉴 뿐이었다. 고열로 온몸이 뜨겁다 못해 따가울 지경이었다. 한밤중에 왜 이런 곳에 있는지, 이렇듯 고열이 나는 이유는 무언지, 궁금증이 일었지만 지금 당장은 몸부터 살펴줘야 할 것 같았다.

무작정 의원에게 데려가기도, 그렇다고 의원을 데려오기도 애매한 시간이었다. 거친 빗발을 고스란히 맞아 가며 이동을 서두르는 것도 삼가야 할 것 같았다. 우선은 열을 떨어뜨리고 정신이 들게 한 다음, 날이 밝기를 기다려 의원에게 데려가는 것이 최선일 듯싶었다.

황급히 주변을 둘러보았다. 뭐 하나 제대로 갖춘 게 없이 거적마저 빗물에 젖어 너저분했다. 급한 대로 몽구의 옷가지를 벗겨낸 윤두서는 제 웃옷을 벗어 빗물에 적신 다음 그의 몸 구석구석을 꼼꼼히 닦아 주었다. 어깻뼈가 부서질 것만 같고 팔다리는 경련이 일었지만 소박하고도 절박한 그의 꿈을 생각하면 손길 한 번 허투루 할 수가 없었다.

새벽이 다가올 즈음에야 몽구가 정신을 차렸다. 체온도 많이 내려가 있었다. 아직은 터지고 갈라진 입술을 벙긋거리기도 버거워 보였지만 저를 보살피고 있는 윤두서를 보고는 몸 둘 바를 몰라 했고, 어떻게든 몸을 일으켜 보려 바동거렸다.

"그냥 있거라. 이제 곧 날이 밝을 테니 의원에게 가 보자꾸나."

윤두서가 저도 모르게 감겨 오는 눈을 부릅뜨며 몽구를 챙길 때였다. 해무의 짧은 울음소리와 동시에 박태형이 산막 안으로 뛰어들었다.

"종손 어른께서 여긴 어떻게?"

"태형이 너야말로 어찌 온 게야?"

"몽구 저놈이 밤새 별 일 없었나 싶어 온 겁니다."

"그럼 줄곧 예서 지냈던 게야?"

윤두서의 시선이 몽구에게로 향했다. 어쩔 줄 몰라 하며 몽구가 벽 쪽으로 돌아누웠다.

개간 일을 하면서부터 이곳 산막에서 지내온 몽구였다. 방 얻을 돈이라도 아낄 요량이었다. 비좁고 낡긴 했어도 지붕도 있고 벽이 있어 몸을 누이기엔 이만한 곳이 없었다. 덕분에 품삯을 한 푼도 쓰지 않고 모을 수 있었다. 끼니는 현장에서 먹는 게 전부였지만 사람들한테 폐를 끼치면 안 될 것 같아 줄곧 비밀로 해 오고 있었다. 그런데 하찮은 저 자신 때문에 종손 나리가 이리 고생하게 됐으니…. 몽구는 쥐구멍이라도 기어들고 싶었다.

박태형이 저도 얼마 전에 알게 되었다며, 얼른 끼어들었다.

"여태 여기서 지냈다는데, 몽구 저놈이 워낙 씩씩한 척 구니 그런 줄 꿈에도 몰랐지 뭡니까. 종손 어른께는 절대 비밀로 해 달라고 어찌나 신신당부하던지요. 더는 염치없이 굴 수가 없다나요. 그런데 비 때문에 공사가 중단됐으니 끼니라도 챙겼을까 싶더라고요. 이 부자리는 고사하고 옷가지 하나 제대로 된 게 없고…."

생각할수록 마음이 아픈지 박태형이 잠시 말을 멈췄다.

"허술하기 짝이 없는 산막에서 비인들 피할 재간이 있을까 싶기도 하고요. 춥긴 또 어째 그리 추운지, 안 되겠다 싶어 날이 밝는 대로 달려와 본 겁니다."

"그런 것을…. 하마터면 목숨이 위태로울 뻔했으니…."

윤두서는 엊저녁 그를 발견했을 때의 광경이 눈에 선했다.

"진즉에 살피지 못해 미안하구나."

뼈만 앙상한 몽구의 등허리를 찬찬한 손길로 쓸어내렸다. 울음을 삼키는 어깨가 애처로웠다. 그제야 박태형도 어떤 상황인 줄 짐작이 가겠다는 표정이었다.

"몽구 저놈은 그렇다 치고, 어른께서 이리 고생을 하시어 어쩝니까."

"어서 여길 내려가자꾸나."

윤두서는 박태형의 도움을 받아 몽구를 해무에 태우고는 의원에게로 내달렸다. 다행히도 비가 머츰해지고 있었다.

"이 녀석, 종손 어른이 아니었음 큰일 날 뻔했습니다."

진맥을 본 의원은 연신 혀를 내두르며 며칠 더 두고 보마 하였다. 박태형이 제가 남아 병수발을 돕겠노라 나섰다.

"종손 어른이야말로 진맥을 보셔야 할 듯싶습니다."

"우선 좀 쉬어야겠네."

혈색을 걱정스레 살피는 의원을 뒤로 하고 윤두서는 백련동으로 향하였다. 백포까지 가기엔 아무래도 힘에 부쳤다.

"안색도 그렇고, 대체 무슨 일이에요?"

종택에 머물던 명아는 놀라움을 금치 못했다. 윤두서는 명아의 부축을 받으며 쓰러지듯 자리에 누웠고, 이내 깊은 잠에 빠져들었다.

윤두서는 마지못한 듯 눈을 떴다.

"깨셨어요?"

곁을 지키던 명아가 윤두서의 손을 모아 잡았다. 윤두서는 명아 목소리에 의지해 사방을 둘러보았지만 어렴풋한 촛불 빛만이 눈에 담겼다.

명아가 대신 답을 주었다.

"녹우당이에요."

"지금이…."

입술을 떼기가 버거웠다. 입속도 껄끄럽기만 했다. 그걸 모르지 않는다는 듯 명아가 모아 잡은 손에 힘을 주었다.

"밤이 많이 깊었습니다. 덕희와 아우들은 조금 전에야 방으로 돌아들 갔고요. 미음 좀 드시겠어요?"

윤두서는 간신히 고개를 저었다.

"의원이 다녀갔습니다. 워낙에 허약해지신 터라 원기 회복이 순서일 것 같다며 탕약을 지어 주었습니다. 내일 다시 오마 했고요.

명아가 낮에 있었던 일들을 들려주었다. 그런데 어느 한순간, 명아 목소리가 아뜩히 멀어지더니 한기에 치인 듯 눈앞이 흐릿해져 갔다. 언제부터였을까. 잔기침이 잦아지며 어지럼증이 일던 순간들이 머릿속을 흐트러뜨렸다. 눈이 왜 그리 침침한지, 읽고 쓰기도, 그리기도 버겁기만 하던 순간들이 머릿속을 어지럽혔다. 어쩌면… 다시는 일어나지 못할 거라는 예감을 떨칠 겨를도 없이 다시금 잠 속으로 빨려 들어갔다.

꿈이었을까. 셀 수 없이 많은 길이 사방으로 갈라져 있었다. 한참을 망설이다 걸음을 내딛었다. 길이 가뭇없이 사라지고 없었다. 다른 길로 걸음을 내딛으려는 찰나, 또다시 길이 뭉개지며 사라지고 없었다. 이마에 밴 땀을 훔치며 다른 길로 걸음을 내딛어 보지만 어김없이 사라지고…. 애걸하고 으름장을 놔도 사라지고, 사라지고…. 악을 쓰고 발버둥을 쳐대도 사라지고, 사라지고, 사라지고…. 애매

하고 모호한 현실이 억울해 통곡해 보지만 그조차 소리가 되지 못한 채 산산이 흩어져 버렸다.

　꿈에서 깨었을까, 꿈이었을지도. 눈앞이 캄캄했다. 초를 찾아 한참을 헤맸다. 초에 불을 켰다. 따뜻한 빛에 얼음장 같던 조바심이 녹아내렸다. 느닷없이 강물이 덤벼들어 촛불을 낚아채 갔다. 비웃음인 듯 싸늘한 바람이 발목을 휘감더니 발끝이 허물어져 내렸다. 낭떠러지로 변해 버린 세상이 삽시간에 뒤틀리며 허공으로 솟구쳤다. 분노로 온몸이 불타올랐다. 몸부림을 치다 꿈에서 깨어났다. 눈앞이 캄캄했다.

진맥을 마치고 난 의원이 윤덕희를 따로 불렀다. 표정이 어두웠다.

　"한양에 계시면서 마음고생이 워낙 심하셨으련만 귀향 후에도 줄곧 일에만 매달리셨으니…. 몸이 허약해질 대로 허약해져 계십니다. 그러다 보니 몸속 한기가 도무지 가시질 않는 것이, 쉬 나으실 수 있을지 걱정입니다."

　"부디 최선을 다해 주시게. 부탁하네."

　"때맞춰 탕약을 드리면서 지켜보는 수밖에요."

　윤덕희의 간청에도 표정을 풀지 못했다.

　오후 늦게 박태형이 몽구를 데리고 녹우당 사랑채를 찾았다.

　"이놈이 소식을 듣고는 종손 어른을 꼭 뵈야 한다고 막무가내로 고집을 피우니, 상황을 뻔히 알면서도 염치불구 데려왔습니다."

　"그 마음을 왜 모르겠느냐. 허나 지금은 그냥 돌아가 주었으면 좋겠구나."

　노복들에게 항상 너그러웠으며 무엇이든 가르쳐 주길 마다하지 않은 명아였다. 몽구 마음을 모르는 바도 아니었다. 하지만 지금으로서는 휴식을 취하는 것만이 유일한 치료법일 터, 안으로 들이려 하지 않았다. 윤두서가 어렵사리 팔을 내저어 명아를 만류했다.

　몽구가 몸 둘 바를 몰라 했다. 건강이 제법 회복된 모습이었다.

　"이놈 때문에 나리께서 몸져누우셨는데…. 도저히 가만있을 수 없어 주책을 부리고 말았습니다."

　"당치 않구나. 모든 게 내 탓인 것을. 괜한 자책 말고 바라던 대로 농사도 짓고 장가도 들고 그리 살아야 할 것이야."

　명아의 부축을 받아 일어나 앉은 윤두서는 간신히 말을 이어

168

갔다. 숨소리가 거칠다 못해 터지고 갈라졌다. 윤두서의 상태가 생
각보다 훨씬 더 심각한 줄 눈치 채고는 몽구가 자리를 뜨려 서둘렀
다. 눈물이 앞을 가리고 울음에 숨통이 막혀 내뱉는 한마디 한마디
가 바닥으로 곤두박질쳤다.

"나리 말씀 깊이 새길 것입니다."

부칠 땅도 거둘 양식도 없이 산 게 한두 해뿐일까. 그런데 얼마
전 낙향한 종손 나리께서 농지를 개간한다는 소문이 들리니 무턱대
고 섬을 뛰쳐나올 수밖에 없었다.

가진 거 없고 배운 거 없는 민초들이라고, 관리들의 무시와 횡
포는 말로 다할 수 없었다. 작정하고 항의해 봤자 귓등으로도 듣지
않았다. 돌아오는 건 매타작에 발길질뿐이었다. 종가 나리들만이
대대로 민초들의 보호막이 되고 피난처가 되어 주고 있었다. 그러니
부칠 땅만 얻을 수 있다면 가릴 것이 없었다. 품삯은 아예 받을 생각
도 하지 않았건만 그것까지도 꼬박꼬박 챙겨 주지 않았던가. 소문처
럼, 아니 소문보다도 더한 자비로움에 꾀를 부릴 염치도 없었다. 더
군다나 하찮기 짝이 없는 자신을 챙겨 주느라 저토록 병이 깊어지고
말았으니. 황망함에 애간장이 녹아날 지경이었다.

"부디, 부디, 쾌차하시옵소서."

천지신명께 빌고 또 빌며 방을 빠져나가는 몽구의 뒷모습이 심
하게 휘청거렸다.

윤두서가 제게서 눈을 떼지 못하고 있는 명아의 손을 부여잡았다.
도무지 정신을 차리지 못하던 윤두서였다.

"오늘이 며칠인지요."

"스물엿새입니다."

"동짓달 스물엿새…."

윤두서는 의지가 무색하게도 약에 취한 듯, 잠에 갇힌 듯 무시
로 정신을 잃곤 했다. 그러다 문득 자신이 정신을 잃고 있었다는 걸
알아챌 때의 무력감은 어떤 말로도 표현키 어려웠다. 언제 또다시
정신을 잃게 될지, 영영 깨어나지 못할지도 모른다는 위기감이 팽배
해져 갔다. 허락된 시간이 결코 많지 않음을 부정할 수만은 없었다.

숨이 가빠 한마디 잇기도 버거웠지만 더는 미룰 수 없는 이야
기거늘. 있는 힘껏 말을 이었다.

"이번 농지 개간도 잘 마무리되도록 지켜봐 주십시오."

숨소리가 불규칙하고 거칠기까지 하련만 어떻게든 말을 이으려 애쓰는 모습에, 명아는 가슴이 에이는 것만 같았다. 자신의 부축을 받으며 쓰러지듯 자리에 눕고부터였을까. 잠든 듯 정신을 잃은 모습을 보고 있노라면 다시는 깨어나지 못하는 게 아닌지, 막막함에 사로잡히곤 하지 않았던가. 하지만 현실을 직시하기에는 모든 것이 너무도 급작스럽기만 했다. 할 수만 있다면 현실 따윈 외면해 버리고 싶은 것이 솔직한 심정이었다.

"그만하십시오. 서방님 없이 어찌 살라고. 제발 그만하십시오."

"부탁드립니다."

"제발, 제발 그만하십시오!"

명아는 제 가슴을 쥐어뜯을 듯 절규했다.

"살고 싶습니다."

무거운 침묵이 오래토록 이어지고서야 윤두서가 혼잣말을 흘렸다.

"가야 할 걸음이 멀건만…."

진정 살고 싶다는 절절함이 밴 소리가 갈라지며 가라앉았다. 명아가 미어지는 가슴을 어찌할 줄 모른 채 윤두서를 부둥켜안았다.

"서방님!"

명아의 흐느낌이 잦아지며 윤두서는 흐르는 눈물을 주체할 수 없었다. 그런데 시간이 그대로 멈추나 싶던 한순간, 한기가 온몸을 덮치며 눈앞이 흐릿해져 갔다. 어지럼증에 휘말리며 정신이 혼미했다. 시간이 없다는 것을 깨달은 윤두서는 깊디깊은 숨을 몰아쉬었다. 그러고는 감각조차 없는 팔을 움직여 명아를 품어 안았다. 명아가 품속을 파고들었다.

"함께 해 주어 고맙습니다."

"저 또한 고맙습니다."

온몸에 힘이 풀리는 듯 명아가 얼굴을 파묻은 채 숨죽여 울었다.

얼마쯤 지났을까. 명아의 울음소리가 아득히 멀어지며 윤두서는 깊이를 알 수 없는 잠 속으로 침잠되어 갔다.

전라남도 해남군 현산면 백포리에 위치한 윤두서의 묘소.

꿈인들 어떠랴. 회상인들 또 어떠랴. 윤두서는 덧없는 마음을 되뇌며 자화상에 품은, 간절히 꿈꾸었던 세상으로 뚜벅뚜벅 걸어 들어갔다.

○

1715년 을미년 11월 26일 윤두서가 사망했다. 나이 마흔여덟이었다.

친척들은 할 말을 잃었고 속절없이 하늘을 우러르며 한숨만 내쉬었다.

"종손 나리께서 이렇게 가신 것은 우리들이 복이 없는 탓이 아니고 무엇이겠습니까."

윤두서를 진료해 왔던 의원은 병명을 묻는 이들에게 한결같은 대답을 할 수밖에 없었다. 주민들도 숙연한 마음으로 고인의 명복을 빌었다. 복받치는 슬픔을 이기지 못하고 목 놓아 울기도 했다.

이서는 끼니도 잊은 채 영정 앞을 떠나려 하지 않았다.

그대의 선하고 믿음성 있는 자세를 흠모했었고, 그대의 공명하고 평형平衡한 의지를 존경했었네. 넓고 넓은 바다에서 그대의 모범적인 마음을 알 수 있었고, 화창한 봄 날씨에서 그대의 따뜻한 성정을 볼 수 있었노라. 나는 항상 그대의 충국充國의 지혜를 생각했었고, 그대의 영공令公의 정성을 양모했었다오. 그대의 절륜한 예능은 오히려 덕을 가리었고, 까닭 없이 중대한 명망을 숨기고 있었네.[14]

영정으로 걸린 〈자화상〉 속 모습을 하염없이 올려다보며 애사를 지어 올렸고, 문득문득 통곡해 마지않았다.

슬픈 일이로다, 하늘은 이 세상을 편안하게 하고 싶지 않다는 말인가? 어찌 이다지도 빨리 공을 앗아갔단 말인가? 하늘은 이미 공에게 재상의 국량局量을 주고 적을 방어할 수 있는 장수의 재능을 주지 않았던가. 공의 인후하고 관홍寬弘한 덕과 공평하고 정직한 의지, 그리고 주통周通하고

172

민달敏達한 지혜, 굉박宏博한 지식, 또한 뛰어난 예능을 지
금 이 세상 어디에서 다시 찾아볼 수 있겠는가?[15]

제문에 담은 심정 또한 애절하기 이를 데 없었다. 윤창서와 이잠 형
님, 윤종서, 심득경의 죽음을 겹쳐 떠올리노라면 척박한 현실이 서
러웠다.

이익인들 윤두서의 덧없는 죽음을 인정하기 쉬울 리 없었다.

"아직 배울 것이 많건만…. 이토록 속절없이 가시다니요. 그리
도 원하던 걸음 내딛게 되었노라며 더없이 행복해 하셨거늘, 채 삼
년이 되지 않아 이 무슨 변고란 말입니까. 애달프고 애달플 따름입
니다. 이 아우, 가신 길이 결코 헛되지 않도록 사람들을 이롭게 할
학문 탐구에 혼신의 힘을 다할 것입니다. 부디 평안하소서."

이익은 이서와 함께 날이 새는지도 밤이 깊은지도 모르고 영정
앞을 지켰다.

이하곤은 〈자화상〉 소식을 듣고 해남으로 달려왔던 날이 지워
지지 않았다.

"혈색이 눈에 띄게 좋지 않으시더니. 걱정 말라는 말을 곧이곧
대로 믿은 제가 바보가 아니고 무엇이겠습니까."

이제 와 가슴을 치며 통곡한들 무슨 소용일까. 그는 마지막으
로 보았던 윤두서 모습을 곱씹고 곱씹었다.

윤두서가 그려 준 〈안회상顔回像〉을 벽감에 걸어 두고 조석으로
바라보며 마음을 다스리고 있거늘…. 장인 이형상은 윤두서의 영정
앞에 고개를 조아리며 다음 세상에서나마 못다 이룬 꿈을 마음껏 펼
칠 수 있기를 마음 다해 빌었다.

윤흥서의 상실감은 헤아릴 수 없을 정도였다.

"머잖은 날 다시 모여 여생을 함께 보내자던 약속은 어찌하고,
아우 너마저 기어이. 모든 게 부질없고 부질없도다."

그러다 보니 윤두서의 죽음 후 도무지 기운을 차리지 못하는
명아를 보노라면 더럭 겁이 나는 건 어쩔 수가 없었다.

안타깝게도 윤흥서의 기우는 기우로 끝나지 않았다. 그리움이
그토록 사무쳤을까. 시름시름 앓던 명아는 반년도 지나지 않아 세상
을 뜨고 말았다.

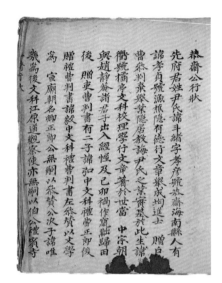

윤덕희의『가장家將』표지와 내지. 1746년.

「공재공행장恭齋公行狀」은 윤덕희가 1741년에 아버지 윤두서의 생애와 성품, 사상, 예술에 대해 기록한 글로, 그의 행적이 가장 포괄적이고 자세히 정리된 자료라 할 수 있다. 현재 녹우당에는 「공재공행장」 정서본과 「공재공가장초恭齋公家將草」 초본이 묶인 『가장』이 소장되어 있다.

○

윤덕희와 아우들이 윤두서의 무덤을 찾았다.

13대 선조 귤정공橘亭公 윤구尹衢 묘 우측에 마련한 자리였다. 석물이라야 상석과 비석이 전부인, 단출하기 그지없는 묘역이었다.

멀리 시퍼런 하늘을 이고 선 주작산 산등성이 눈에 들어왔다. 두륜산의 봉우리들도 겹치듯 솟구쳐 있고, 맞은편으로 펼쳐진 바다는 하늘과 겨루기라도 할 것처럼 푸르디푸르게 빛나고 있었다.

윤덕희는 어머니의 죽음을 알리며, 아버지가 진행해 온 접산 개간을 잘 마무리하겠노라 다짐하였다. 그것은 어머니의 유언이기도 했다.

달빛 아래 서리빛 위아래로 엉기고
수많은 봉우리로 둘러싸인 집 겹겹이 눈 쌓였네.
기나긴 추운 밤 고요히 남겨진 경전 마주하는데
단풍 든 숲속에 등불 하나 외롭네.16

아버지의 심경이 고스란히 담겼기 때문일까. 자신들에게 지어 주었던 시가 모두의 가슴을 때리며 훑어 내렸다.

눈물을 타고 흘러내린 그리움이 가없이 퍼져 나갔다.

○

1718년 윤덕희는 이서와 상의하여 윤두서의 묘를 선산인 경기도 가평의 원통산 아래로 이장했다. 이후 여러 차례 이장을 했으며 1784년 영암의 옥천면으로 옮기어 아내 둘과 나란히 합장했다. 1828년 12월 1일, 자손들이 합의해 백포 별저로 이장하였다.

인용문 출처

1. 尹斗緖, 「答崔濯之書乙未春」, 『記拙』, "琴材以去地遠 質剛理直而通者爲佳 東坡曰 如斫蠟者佳 亦言其質剛也 大抵理直則 聲暢 理曲則 聲鬱 勢所然也 且以年久 乾燥液氣去盡者爲佳 盖欲其淸越也 長短之製 則軌範 範可考 然 不必泥 此須觀木性 性密者欲其薄而通 性疎者欲其厚而藏."; 박은순, 『공재 윤두서: 조선 후기 선비 그림의 선구자』, 돌베개, 2010, pp.268-269.

2. 李夏坤, 「書尹孝彦畵馬」, 『頭陀草』, "孝彦之畵 尤妙於寫馬 其得意處 不減趙 文敏父子 而此紙余得自崔君濯之 種種意態 曲盡其妙 幾乎入韓幹之室矣 昔 秀上座戲李伯時曰當墮馬趣 余謂孝彦亦然 嗚呼 九原己矣."; 차미애, 『공재 윤두서 일가의 회화』, 사회평론, 2014, p.337.

3. 尹斗緖, 「題畵」, 『記拙』, "裊裊獨木橋 絶壑懸急水 山深月未高 珍重愼所履."; 차미애, 위의 책, p.249.

4. 「夕陽垂釣圖」에 쓴 윤두서의 시, "心靜身還逸 收綸臥夕陽 我釣元自直 不是 夢鷹揚."; 이내옥, 『공재 윤두서』, 시공사, 2003, p.69.

5. 위의 시에 화답하는 이서의 시, "頓忘渭川興 一味近嚴光 夕陽莫好臥 不如 坐朝陽."; 이내옥, 위의 책, p.70.

6. 尹斗緖, 「我行其野六章」, 『記拙』, "我行其野有草離離 未見其人見此離離 南 有南斗北有北斗 寔唯司命昭臨下土 日居月諸麗明于天 宣光下土萬國之瞻 何山掩國惟華之崎 湯湯江漢惟國之紀 儼列秩宗中牢是視 我思古人古人其 誰 古人不見使我心悲 我懷之悲吾將安往 故人不見吾將安放 顧瞻四方忽以 惘矣."; 박은순, 앞의 책, pp.177-178.

7. 〈定齋處士沈公眞〉에 윤두서가 쓴 이서의 찬시, "水月其心 氷玉其德 好問力 踐 確乎其得 惟子之吾 喪道之極 洓又贊."; 차미애, 앞의 책, p.522.

8. 〈深山芝鹿圖〉에 쓴 윤두서의 시, "草長靈芝秀 深山別有春 中原風雨夜 此地

好藏身 孝彦.”; 차미애, 위의 책, p.372.

9. 尹斗緒, 「與故奴洪烈之孫渭尙等 己卯臘月」, 『記拙』, “古人弊帷不棄 爲葬狗
也 弊箅不棄 爲葬馬也 仁人之於物也 雖在犬馬 致其仁愛 況於人乎 記上之
法 甚無謂也 生也驅使 死沒其産 豈仁人所忍爲者 況法典所無乎 吾於汝祖
身死之後 秋毫無所記上 汝宜以此文爲後日證左.”; 이홍식, 「家學의 전통과
공재 윤두서」, 『제5회 공재문화제 기념 학술대회 2012년도 하계학술대회
발표 자료집−공재 윤두서의 예술세계』, p.60.

10. 尹斗緒, 「禮節傳」, 『記拙』, “未僕隷人役也 賤而無識人 不以義理責之也 雖
然中國之僕隷止其身 我國之僕隷世役焉 世役焉 有世臣之義焉 雖然未世臣
者 國存而與之存 國亡而與之亡 危則持之 顚則扶之 視國如身 不知有家也
世臣之義 士大夫 或不能知 於僕隷也 何有爲人僕而能盡道者 吾於高淸子
見之矣 雖然若徐子者 學窮理修身之學者 此何足蔽焉 吾於禮節事 特又異
焉 吾聞 禮節事玄氏 玄氏夫妻死 禮節養其孤 恐心力之貳也 謝其夫而遺之
女子而謝其夫 疑於非順矣 而以其心攷之 非有忤於其夫也 其視大丈夫之戀
妻妾忘義者 何如耶 禮節敎諸孤 尋師而就之學 笞而警之 懷肉以勸之 笞以
警之者 伊尹之志也 懷肉以勸之者 史佚之心也 … 若禮節者 其可謂女子而
大丈夫乎 僕妾而士大夫也.”; 이홍식, 위의 책, p.62.

11. 尹斗緒, 「善遇錄題辭 丙戌」, 『記拙』, “陶靖節與子一力 以書戒之曰 此亦人
子宜善遇之 世人多不知此義 不以人視人 而視之以物貨 駈策之 暴虐之 曾
牛馬之不若彼 牛馬者 恐其不勝任 且未能見售於人也 戒勿殘傷而凍餒之
獨於奴僕無是憂也 故凍餒之 殘傷之 至於生而破其家 死而沒其財 悲哉 吾
故名是錄 曰善遇 以自警省焉 又將以貽子孫也 丙戌四月十一日 恭薺主人
題.”; 이홍식, 위의 책, p.63.

12. 尹斗緒, 「上城主書 癸巳十月」, 『記拙』, “近來海邊樹木濯濯軍國之需無以
資用 故朝家有私養山不許擅伐之令所以防奸細重禁令也豈使民或毋敢下
手於其所自養爲養生喪死者 至於雜木 又不在此科也 今年饑饉 千古所稀
有至 如民所居 被灾尤陜 家中萬口之外 同里人若干留存者 皆仰望於民 而
旣不能獲土而哺之 則民亦安所措手哉 適有塩戶之願居於前浦者 欲令里人
同力燒塩 以救死命之際 又會塩倉人欲賣其家後所養木者 遂買作燒塩之用
民之妄意 以爲伐木活人 朝家必不以爲罪 故只以救死爲急.”; 이홍식, 위의
책, p.66.

13. 李夏坤, 「尹孝彦自寫小眞贊」, 『頭陀草』, “以不滿六尺之身 有超越四海之志
飄長鬚而顔如渥丹 望之者疑其爲羽人劍士 而其恂恂退讓之風 蓋亦無愧乎

178

篤行之君子.”; 이내옥, 앞의 책, p.201.

14. 李溆, 「恭齋公行狀」에 소개된 哀詞, “欽君姿善信 敬子志公平 海闊知模範 春和見性情 常懷充國智 竊慕令公誠 絶藝還妨德 無端掩重名.”; 차미애, 앞의 책, p.762.

15. 李溆, 「恭齋公行狀」에 소개된 祭文, “嗚呼天未欲安斯世耶 何奪公之速也 天壓賦公以宰相之器 又畀公以禦敵之才 仁厚寬弘之德 公平正直之志 周通敏達之智 宏博之識 絶類之藝 不可復見於今世云云.”; 차미애, 위의 책, p.762.

16. 尹斗緖, 「和兒輩」, 『記拙』, “月色霜輝上下凝 千峰繞屋玉層層 靜對遺經寒夜永 萬林黃葉一孤燈.”; 박은순, 앞의 책, p.282.

179

도판목록

적선과 실천의 가풍

10. 『소학언해小學諺解』. 조선 후기. 녹우당.
12. 윤선도尹善道, 「충헌공가훈忠憲公家訓」. 1660년. 녹우당.
20. 백포리 윤두서 고택. 서헌강 사진. 2009년.
26. 연동마을 전경. 서헌강 사진. 2013년.

사사로움을 버리고

32. 윤두서尹斗緖. 〈유림서조도幽林棲鳥圖〉, 『가전보회家傳寶繪』 11-12면,
    지본수묵, 22.8×55.6cm. 1704년. 녹우당. 국립광주박물관 제공.
34. 이수광李睟光. 『지봉유설芝峯類說』 1-2권. 17세기 초. 실학박물관.
36. 작자 미상. 〈도성도都城圖〉 세부. 18세기 말. 서울대학교
    규장각한국학연구원.
41. 양휘楊輝. 『송양휘산법宋楊輝算法』. 1706년 필사본. 녹우당. 국립광주박물관
    제공.
44. 윤두서. 시권試券, 1693년. 녹우당. 한국학중앙연구원 장서각 제공.

쓰고 만들며 그리다

48. 이서李溆. 『옥동선생유필玉洞先生遺筆』. 18세기 초. 녹우당.
50. 윤두서. 『가전유묵家傳遺墨』 1권. 18세기 초. 녹우당. 국립광주박물관 제공.
51. 윤두서. 『가전유묵』 3권. 18세기 초. 녹우당.
52 위. 황정黃鼎. 『관규집요管窺輯要』 1권. 1700년대 필사본. 녹우당.
52 아래. 필리포 그리말디Filippo M. Grimaldi. 『방성도方星圖』, 29.4×17cm. 청
    1711년. 녹우당.
54-55. 윤두서. 〈일본여도日本輿圖〉, 지본채색, 69.8×160.8cm. 18세기 초.
    녹우당.
58-59. 윤두서. 〈유하백마도柳下白馬圖〉, 『윤씨가보尹氏家寶』 11-12면,
    견본수묵채색, 32.2×40cm. 18세기 초. 녹우당.
60. 윤덕희尹德熙. 〈마상미인도馬上美人圖〉, 지본채색, 84.5×70cm. 1736년.

국립중앙박물관.

62 위. 윤두서. 〈마도馬圖〉, 『가물첩』 24면, 지본수묵, 20.6×14.4cm. 18세기
초. 국립광주박물관.

62 아래. 윤두서. 〈수하마도樹下馬圖〉, 『윤씨가보』 52면, 견본수묵,
11.4×11.4cm. 18세기 초. 녹우당.

63. 윤두서. 〈수하준마도樹下駿馬圖〉, 『가물첩』 20면, 지본수묵, 20.6×14.4cm.
18세기 초. 국립중앙박물관.

66. 윤두서. 〈석양수조도夕陽垂釣圖〉, 『가전보회』 13-14면, 지본수묵,
23×55cm. 18세기 초. 녹우당. 국립광주박물관 제공.

68-69. 윤두서. 〈주례병거지도周禮兵車之圖〉, 『윤씨가보』 55-56면, 지본채색,
24.4×36.2cm. 18세기 초. 녹우당.

70. 윤두서. 〈짚신 삼기〉, 『윤씨가보』 38면, 저본수묵苧本水墨, 32.4×20.2cm.
18세기 초. 녹우당.

71. 윤두서. 〈채애도埰艾圖〉, 『윤씨가보』 25면, 저본수묵, 30.4×25cm. 18세기
초. 녹우당.

72. 윤두서. 〈선차도旋車圖〉, 『윤씨가보』 37면, 저본수묵, 32.4×20.2cm.
18세기 초. 녹우당. 국립광주박물관 제공.

73. 윤두서. 〈경전목우도耕田牧牛圖〉, 『윤씨가보』 26면, 견본수묵, 25×21cm.
18세기 초. 녹우당.

74. 윤두서. 〈하일오수도夏日午睡圖〉, 『윤씨가보』 36면, 저본수묵, 32×25cm.
18세기 초. 녹우당.

75. 윤두서. 〈수하독서도樹下讀書圖〉, 『가물첩』 13면, 저본수묵, 24.2×15.7cm.
18세기 초. 국립광주박물관.

76. 윤두서. 〈채과도菜果圖〉, 『윤씨가보』 23면, 지본담채, 30×24.2cm. 18세기
초. 녹우당.

77. 윤두서. 〈초충도草蟲圖〉, 『윤씨가보』 53면, 지본수묵, 23×13.8cm. 18세기
초. 녹우당.

지도에 담은 마음

81. 작자 미상. 〈남구만상南九萬像〉, 견본채색, 162.8×88.5cm. 조선 후기.
국립중앙박물관.

88. 『영모첩永慕帖』 정정권. 조선 후기. 녹우당.

90. 관찰공 윤유기尹唯幾 묘전 마련을 위한 통문. 1702년. 녹우당.
한국학중앙연구원 장서각 제공.

92. 이형상李衡祥. 〈한라장촉漢拏壯囑〉, 『탐라순력도耽羅巡歷圖』, 56.7×36cm.
1703년. 제주특별자치도(국립제주박물관 기탁 보관).

95. 윤두서. 〈정재처사심공진定齋處士沈公眞〉, 견본채색, 160.3×87.8cm.

1710년. 국립중앙박물관.

97-99, 101. 윤두서. 〈동국여지지도東國輿地之圖〉, 지본담채, 122.2×74cm.
18세기 초. 녹우당.

채권 더미를 불사르다

118-119. 「윤덕희동생화회문기尹德熙同生和會文記」. 1760년. 녹우당.

시대를 앞선 노비관

126. 윤광전尹光琠. 「지정 14년 노비문서」. 1354년. 녹우당.

129. 윤두서. 「선우록제사善遇錄題辭」『기졸記拙』. 18세기 초. 녹우당.
국립광주박물관 제공.

소금을 구워 팔다

136-137. 녹우당 사랑채. 서헌강 사진. 2013년.

138 위. 녹우당 현판. 서헌강 사진. 2013년.

138 아래. 이익李瀷.『성호사설星湖僿說』별본別本, 조선 후기. 성호박물관.

141. 윤두서. 「상성주서上城主書」『기졸』. 18세기 초. 녹우당.

142-143. 윤두서. 「화평畵評」『기졸』. 18세기 초. 녹우당. 국립광주박물관 제공.

147. 작자 미상. 〈최석정초상崔錫鼎肖像〉, 견본채색, 173×90cm. 18세기 초.
국립청주박물관.

척박한 땅을 일구며

154. 백동경. 일본 17세기 후반. 녹우당.

157-159. 윤두서. 〈자화상自畵像〉, 지본수묵담채, 38×20.5cm. 18세기 초.
녹우당.

162. 윤두서. 〈설경산수도雪景山水圖〉,『윤씨가보』22면, 견본수묵,
24.6×21.2cm. 18세기 초. 녹우당. 국립광주박물관 제공.

171. 백포리 윤두서 묘소. 녹우당 제공.

174. 윤덕희.『가장家將』2책 필사본. 1746년. 녹우당. 국립광주박물관 제공.

해남윤씨海南尹氏 가계도

◦ 윤두서를 중심으로 한 가계도이며, 여성 가족 구성원은 제외했다.
◦ 점선은 양자養子로 보내졌다는 표시이다.

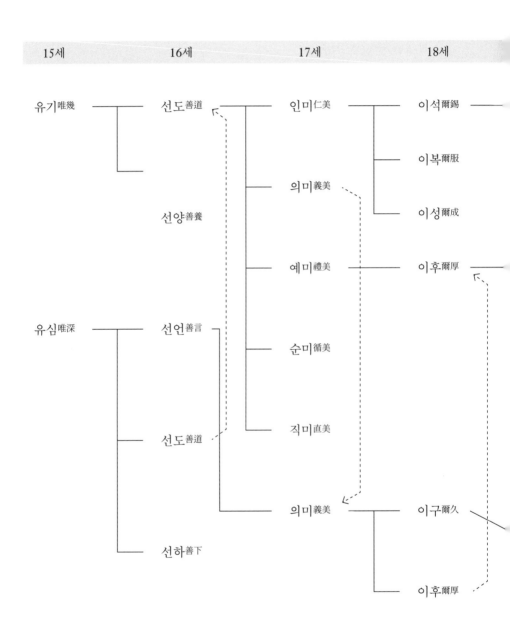

| 15세 | 16세 | 17세 | 18세 |

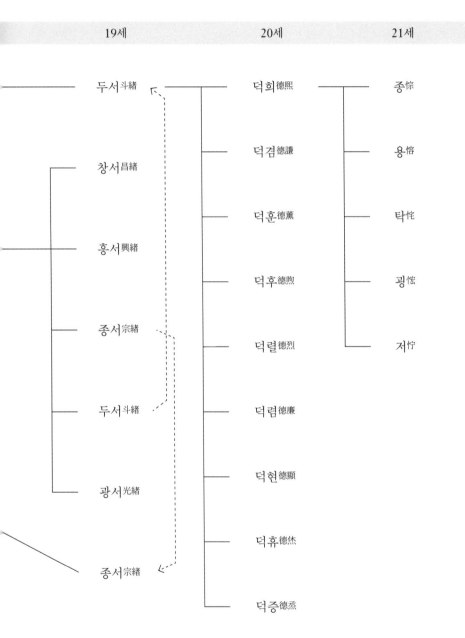

공재 윤두서 연보

윤두서尹斗緒는 1668년(현종 9년) 5월 20일 해남 백련동에서
윤이후와 전의이씨 사이에서 5남 1녀 중 넷째 아들로 태어났다.
이후 18대 종손 윤이석에게 후손이 없자 증조부인 고산 윤선도는
윤두서를 19대 종손으로 입적하게 했다. 1682년 지봉 이수광의
증손녀 전주이씨와 혼인하였으나, 부인이 사망한 후 이형징의
딸이자 이형상의 양녀인 완산이씨에게 재가했다. 슬하에 장남
윤덕희를 비롯한 9남 3녀를 두었다. 자는 효언孝彦, 호는 공재恭齋
또는 종애鍾厓이다.

해남에서 유년기를 보낸 후 경신환국이 있던 1680년 한양으로
이주했다. 1693년 진사시에 합격했으나, 서인이 정권을 잡으며
당화가 치열해지자 세상에 뜻을 접고 학문에만 전념했다. 윤창서,
윤흥서, 윤종서 형들과 더불어 이서 · 이익 형제, 심득경, 이만부
등의 인물들과 교유하며 학문과 사상, 예술을 논하고 연마했다.
집안의 학풍을 이어받아 성리학적 명분과 이론에 머무르지
않고 실천적인 경향을 보였으며, 여러 분야를 두루 섭렵하는
박학博學을 추구했다. 천문, 음악, 회화, 의약, 역사, 지리, 지도
등 실생활과 밀접한 학문에도 집중했다. 사실을 토대로 진리를
탐구하는 실사구시 또한 중요시했으며, 선조 대대로 이어져 온
적선행인積善行仁을 실천해 나갔다. 노비제나 양반제 같은 악법과
폐습을 개혁하고자 「예절전」과 『선우록』 등을 지었다. 문집
『기졸』은 약 이십오 년간 써 온 글들을 모으고 필사해 엮은 것으로
일상, 내면세계, 교유관계 등이 기록되어 있고 서간, 시문, 화평,
묘지 등 다양한 주제를 담고 있다. 방대한 양의 독서를 즐겼을 뿐
아니라 스스로 체득하고 증험하기를 중요시했으며, 이렇게 축적된
견문을 바탕으로 〈동국여지지도〉〈일본여도〉 등을 제작했다.

회화에서도 기존의 문인화풍에서 나아가 자신만의 독특한 실학적
화풍을 개척했다. 〈유하백마도〉와 〈마도〉를 비롯한 다양한 형태의
말을 그렸으며, 〈자화상〉으로 대표되는 사실주의적 작품들을
남겼다. 특히 화가들에게도 관심 받지 못했던 일반 백성들의
생활과 생업의 현장을 담아내 조선 후기의 새로운 회화 장르를
여는 선구적 역할을 했다. 〈채애도〉〈짚신 삼기〉〈선차도〉 등 그가
남긴 여러 그림들은 강희언, 김홍도, 신윤복 등의 화풍에도 영향을
미쳤다.

이러한 윤두서의 학문정신과 예술세계는 조선 후기 대표 실학자인
성호 이익에게 전수되고, 훗날 외증손 다산 정약용으로 이어져
실학을 집대성하는 데 하나의 토대가 되어 주었다.

1713년 해남으로 귀향한 후에는 이상 기후로 백포마을의
주민들이 어려움에 처하자 사양산의 나무를 벌목하고 소금을 구워
주민들을 구휼했다. 개척정신과 위민사상을 바탕으로 개간사업도
추진해 나갔다. 1715년 11월 26일 백련동에서 사십팔 세의 일기로
타계했다.

참고문헌

이내옥, 『공재 윤두서』, 시공사, 2003.

한영우 외, 『우리 옛지도와 그 아름다움』, 효형출판, 2005.

나홍주, 『독도의용수비대의 독도주둔 활약과 그 국제법적 고찰』, 책과사람들, 2007.

박은순, 『공재 윤두서: 조선 후기 선비 그림의 선구자』, 돌베개, 2010.

『초상화의 비밀』, 기획특별전 도록, 국립중앙박물관, 2011.

『제5회 공재문화제 기념 학술대회 2012년도 하계학술대회 발표 자료집 — 공재 윤두서의 예술세계』, 온지학회·한서대 동양고전연구소, 2012.

차미애, 『공재 윤두서 일가의 회화』, 사회평론, 2014.

『공재 윤두서』, 공재 윤두서 서거 300주년 기념 특별전 도록, 국립광주박물관, 2014.

정윤섭, 『녹우당: 해남윤씨 댁의 역사와 문화예술』, 열화당, 2015.

윤이후 지음, 하영휘 외 옮김, 『윤이후의 지암일기』, 너머북스, 2020.

김영주金永珠는 서울 출생으로, 건국대학교 대학원 화학과를 졸업하고
2003년『문학사상』신인상으로 등단했다. 장편소설『자산 정약전』『책쾌』,
소설집『세렝게티 소시지 나무』, 동화『빨간수염 연대기』『광대 달문』등이
있고, 공저『못다 이룬 꿈도 아름답다』가 있다.

그대의 빼어난 예술이
덕을 가리었네

실학자 공재 윤두서 이야기

김영주

초판1쇄 발행일 2020년 9월 1일
발행인 李起雄   발행처 悅話堂
전화 031-955-7000 팩스 031-955-7010
경기도 파주시 광인사길 25 파주출판도시
www.youlhwadang.co.kr yhdp@youlhwadang.co.kr
등록번호 제10-74호 등록일자 1971년 7월 2일
편집 이수정 장한올 디자인 박소영
인쇄·제책 (주)상지사피앤비

ISBN 978-89-301-0686-3   03910

A Story of Yun Du-Seo ⓒ 2020 Kim Young-ju.
Edition ⓒ 2020 Youlhwadang Publishers.
Published by Youlhwadang Publishers.
Printed in Korea.

이 도서의 국립중앙도서관 출판예정도서목록(CIP)은
서지정보유통지원시스템 홈페이지(http//seoji.nl.go.kr)와
국가자료공동목록시스템(http://www.nl.go.kr/kolisnet)에서
이용하실 수 있습니다. (CIP제어번호: CIP2020033206)